致：矢志不渝追求卓越的孩子和

望子成龙不求回报的家长

Chase Dream,
Never Stop

追梦的笨笨

全彩版

ChaseDream 商科留学 申请指南

师珊珊 / 著

机械工业出版社
CHINA MACHINE PRESS

本书是 ChaseDream 首席咨询师 Sonia 老师将其十余年的顶尖名校商科申请咨询经验糅合浓缩用心打造而成。全书语言明快轻松，由一个个作者亲历的申请故事串联而成，没有说教，没有鸡汤，温暖而励志。可以将其当成留学申请工具书，也可以把它当成名校案例集锦，甚至是个人发展参考书。附录还提供了实用的申请迷你课程和攻略，兼顾了娱乐性和实用性，值得反复阅读。

图书在版编目（CIP）数据

追梦的笨笨 / 师珊珊著. — 北京：机械工业出版社，2017.1
ISBN 978-7-111-56655-7

Ⅰ.①追… Ⅱ.①师… Ⅲ.①留学生教育 – 概况 – 世界 ②高等学校 – 概况 – 世界 Ⅳ.①G649.1

中国版本图书馆CIP数据核字（2017）第085691号

机械工业出版社（北京市百万庄大街22号 邮政编码100037）
策划编辑：孙铁军　　责任编辑：王庆龙
责任印制：常天培
北京铭成印刷有限公司印刷
2018年9月第1版·第1次印刷
169mm×239mm·19.25印张·1插页·317千字
标准书号：ISBN 978-7-111-56655-7
定价：49.80元

凡购本书，如有缺页、倒页、脱页，由本社发行部调换
电话服务　　　　　　　　　　　　　网络服务
服务咨询热线：（010）88361066　　　机工官网：www.cmpbook.com
读者购书热线：（010）68326294　　　机工官博：weibo.com/cmp1952
　　　　　　　（010）88379203　　　教育服务网：www.cmpedu.com
封面无防伪标均为盗版　　　　　　　金书网：www.golden-book.com

序言 Preface

作为一名留学行业从业者,也就是很多人口中的"中介老师",我最近遇上这么一件事儿。

富二代加国留学记

前阵子过节一时思乡就回了一趟老家,顺便去拜访了一位久违的老前辈。好久不见,相约吃饭,几杯酒下肚,前辈就开始一脸愁苦地冲我吐槽自己家的娃。

此兄赶着改革开放的第一班车下海,经商多年,家道殷实,早在 20 世纪 90 年代末就很进步地想着要让独子出国读书,到世界上最先进的国家去长长资本主义的见识。此兄南方省份人氏,文革小将出身,虽说祖上遗传了发达的商业头脑,却不幸被时代荒废了学业,数理化自然是不懂的,也不懂什么英文,自己更是从未踏出国门半步,完全不知道作为一枚土豪应该怎么实现让儿子出国留学的朴素愿望。望子成龙的老哥遂求助某著名留学中介公司。说是著名,其实也不主要是著名啦,主要是贵。贵了好啊,此兄说,贵了踏实,花钱咱不怕,只要能进名校。中介给推荐了几所学校,说是在加国排名前十的牛大学,说本公司跟多伦多大学有合作,就算学习成绩无比渣的公子出国考试过不了关,也可以帮助获得有条件的录取。还说革命最好分几步走:先出国去,读预科班,同时选读大学承认的先修课程,学分不会浪费,也不会比同龄人晚毕业;一边读预科一边在英语环境里面泡着，学语言比在国内多快好省，很容易就能考出好成绩进名校；万一的万一到了入学前成绩还不达标，也可以先读一个普通大学，等考出了成绩再转学进牛校，反正大家只看毕业证嘛，反正有关系什么都好办嘛，云云。又是拍胸脯，又是打包票，还拿出金晃晃的留学中介资质，说他们是大企业，自己跑了企业不能跑，履行合同有保障，说得好到让此兄不敢相信，却又找不出理由不去相信。于是那年，此兄在反复验看了公司的"营业执照"和"留学中介资质"以后满怀憧憬地签了约付了款。那一刻，此兄似乎激动地看到了儿子身穿学士服，光荣毕业的样子。

然后，公子出国一事就由该中介一手操办。很快，签证拿到，顺利成行。此兄很高兴，逢人就说"犬子出国啦"！公子拿着老爸的血汗钱，到发达资本主义国家一折腾，才知道外国大学原来不是盖的。中介给选的专业是精算，容易申请，也有移民概念，只是出名地难学，本国人因为怕难怕苦怕毕不了业，怕就算是毕业了干的活儿也琐碎辛苦赚钱又少，实在没意思，都不愿意读。公子英语基础约等于零，连上街买个白菜都跟人讲不明白，更别说去上大学了，在普通学校日夜苦读勉强混够及格，不被除名已是不易，要说搞好学习转学名校实在是不敢想的奢求。随着年级不断升高，课业越来越难，公子常常因为成绩不佳被要求重修重考，又因为总学分凑不够而不得不将毕业期限一延再延。几年下来，只有此兄家的公子还在那个名字一听就很野鸡的大学辛辛苦苦地攒学分盼毕业，每年几十万的开销家里照供不误，而同龄人早已毕业的毕业，工作的工作了。还好，这期间人民币倒是不断升值的。

整整十年后，年近三十的公子才拿到了本科毕业证，学成归国，成为"海待"。沧海桑田，时代变迁，此时此兄的生意还在，但江河日下，收入今非昔比。为给儿子锁定一张长期饭票，此兄安排公子参加公务员考试，而后，又动用各种社会关系，把儿子送进了一个钱多事少离家近的"铁饭碗"单位。可谁知还没等报到，就收到上级通告，称由于学历通胀，该单位一线城市及省会城市岗位最低上岗学历要求为硕士。本科毕业的公子因此被下放到遛马山分部做会计，月薪 1800 元。铁饭碗不能丢，公子无奈再次打起行囊离开爹娘。这次不是去发达国家，而是去偏远山区，一边工作，一边考研，等着拿到文凭，好找机会回城。就在这期间，国家开始大搞公务员改革，降低待遇，削减权力，很多已经在系统内多年小有身份的公务员都辞职了。我不禁暗想，这十年间花掉的几百万，要是都买成了房子……好吧，不过人家有钱人的思路肯定不是这样的。

正是应了那句话：出来混，早晚是要还的。

故事听到这里，我实在想不出该如何安慰此兄，只好频频举杯——千言万语都在酒里，喝醉总是没错的。

留学，说得矫情一些是教育投资。这份不菲支出的背后，寄托的是一个家庭对一个孩子（还很有可能是独生子）前途的几乎全部期望。"前途"这两个字，太过沉重，中国人赌不起也输不起。真不知道是哪个营销天才发明了"不能让孩子输在起跑线上"这样令人啼笑皆非却又极具公众煽动性的口号，模糊了"教育投资"和"教育乱消费"的界限，忽悠着爱子心切的家长们放下理性，疯狂花钱，为了孩子的教育不惜血本，不计回报。只要能让孩子见世面、长知识、学本领，花钱就不算花钱。殊不知有时候，金钱不仅不能给孩子买到好前途，反而会给孩子的发展帮倒忙。很多人把留学名校看作进入金领行业的保障——相信为了出国读名校这么崇高的目标，花多少钱都值得；相信只要一纸洋文凭到手，孩子未来的收入就一定可以跑赢通胀、跑赢房价；相信只要读了名校，孩子从此就能过上幸福的生活。社会哪有这么简单？既然都说教育也是一种投资，那就像世界上任何一种投资一样，回报必然伴随风险。的确，牛企只收名校毕业生，普通人连进去做"小催"的机会也没有。但世界上早就没有什么包分配工作、包好前途的大学了。出国不等于出路，

不能让孩子输在起跑线上。

作为长在红旗下、自幼学唯物的革命新一代，我相信"物竞天择、适者生存"的道理。达尔文老师说，人生长跑的真正起跑线其实是在"麻麻"的肚子里。

科研表明，一个人的身高相貌取决于父母的遗传；老年罹患癌症、糖尿病和心脏病的概率与遗传因素正相关性最强，就连智商、情商，甚至于胖瘦体型都在很大程度上受遗传因素的影响。

名校不等于高薪。更何况真正名校的入学资格又岂是区区小钱可以买到的呢？

第二天酒醒了，友兄的抑郁表情还历历在目。互联网时代，信息这么透明，某东方这么强大，留学行业这么发达，留学申请这层窗户纸怎么就没人去捅破？作为一个行走留学江湖近十年的愤青，出于对这个行业的热爱与责任感、内心的良知，我决定要把自己在留学圈的所见所知写下来。我的学生大多是直奔海外名校的，以商科为主，包括本科、研究生跟博士生，也包括工商管理硕士（MBA）。不少家长找到我的时候也会目标明确地说：我们家孩子只爬藤，只读商科！所以，本书是我在名校和商科留学领域十余年咨询经验的浓缩，都是精华！任何想要出国的同学，特别是奔着商科和名校去的同学，开卷都会有益。

《追梦的笨笨》？哈，这不是商科留学申请工具书么？书名要不要这么文艺？不应该是什么"留学宝典"、什么"申请不求人"的吗？其实这个书名我是真的想了很久。前半部分是"追梦"的，是我们公司（www.ChaseDream.com）的中文翻译，这是我们团队的信仰，也是我们一直坚持在做的事情；后半部分是"笨笨"，我用它来指代我们网站的会员和我的学生们。商科名校的申请过程一定是励志感人的，多年来，我亲眼见证无数小弱、小白坚持不懈，奔着自己的梦想努力，最终创造了奇迹，名校梦、金领梦、创业梦全数实现。作为一名申请咨询师，我最大的成就感正来自于帮助每一个矢志不渝追求成功的小"笨笨"用正确的姿势爆发小宇宙，创造小奇迹，实现自己的大梦想。而我们 ChaseDream 网站的团队，也同样是一群努力、执着创造奇迹的"笨笨"们。"笨笨"是我心目中最可爱的年轻人。

目录
Contents

第一章 01
商科留学是不是我的菜

留学,那是我的红玫瑰;留学,那是我的白馒头。一生一辈子,唯有时间是真正属于我的财富。这一辈子的时间,我要用来在地球上踩满我的小脚印。

第二章 02
在名校的日子浮世绘

啊!虚荣的人类!谁不想高声呐喊:哈喽,我是哈佛大学的毕业生!我就是肤浅,我就是"拜名校教"。

序言

01 差点儿入读野鸡大学 / 003
02 十问商科留学 / 016
03 走最适合自己的路 / 024
04 向小扎的爸爸老扎致敬 / 029

01 谁是名校 / 037
02 美国人和美国梦 / 042
03 名校的名利场 / 049
04 这里的大趴不散场 / 054
05 只缘身在女神校 / 063
06 普林斯顿大学:老牌名校低调第一 / 065
07 哈佛大学:实至名归 王者风范 / 069
08 哥伦比亚大学:专注名校教育产品 / 072
09 斯坦福大学:异军突起的年轻私校 / 075
10 杜克大学:名校新秀 / 079
11 约翰·霍普金斯大学:中国申请人的名校捷径 / 081
12 圣母大学:美国人民的老牌牛校 / 083

第三章 03
名校录取黑匣子

我提交申请，我焦虑等待，我害怕我深爱的名校将我嫌弃。于是，我忍不住窥看招生办运作的神秘黑匣子。就算死，也要死个明白。

01　没有规则的游戏 / 089
02　成绩不好是万万不能的 / 096
03　推荐人还是推荐信 / 099
04　神秘的申请文书 / 101
05　悲剧多半在面试 / 105
06　西人也讲拉关系 / 108
07　录取委员会黑幕 / 111

第四章 04
小白渣背景求定位

我没有有钱有权的爹妈，我没有北京户口，我没有从幼儿园开始一路读着名校长大。现在，我想留学，我想找个好学校认真读读书。

01　申请谣言满天飞 / 117
02　选校金标准 / 123
03　要名校还是热门专业 / 128
04　按需留学 / 135
05　高能选校工具 / 139

第五章 05
申请大事攻略

我准备好了，我要全程开挂读名校！考试难不倒我，实习难不倒我，申请文书难不倒我，面试难不倒我。我超人，我DIY。

01　必经之路：出国考试 / 143
02　是考试也是修炼 / 149
03　关键任务：套磁 / 154
04　申请文书写作原则 / 163
05　管理推荐人 / 169
06　绝不倒在面试 / 172

第六章 06 论申请持久战

长大了我要读名校，准备从今天做起！这是一场马拉松，不是100米短跑。韬光养晦的日日夜夜里，我孤独但不焦虑，因为我知道美好的未来会来的！

01 名校属于学霸 / 181
02 不能不混学生会 / 189
03 只实习不打工 / 196
04 兴趣爱好也是申请亮点 / 205
05 追寻生命的意义 / 209
06 态度决定成败 / 220
07 纪念我们永远的初恋 / 225

第七章 07 申请路上的那些坑

唯有错误让我成长，唯有受骗让我智慧，跌倒的感觉一定是痛的。我不怕痛，只怕叵测的人心耽误了我的好前程。

01 伤不起的黑中介 / 233
02 谣言无孔不入 / 242
03 牛企实习来一份 / 247
04 择校迷局 / 250

后记 / 252
附录 商科研究生主流专业及就业去向 / 256
　　 简历撰写指南 / 264
　　 申请文书写作圣经 / 278
　　 商科文书写作推荐阅读清单 / 285
　　 Stanford Dean's Corner / 288

留学，那是我的红玫瑰；留学，那是我的白馒头。

一生一辈子，唯有时间是真正属于我的财富。这一辈子的时间，我要用来在地球上踩满我的小脚印。

第一章

商科留学是不是
我的菜

大学时代，我和我的很多同学都曾产生过出国的念头。有些人这么做了，有些人没有这么做；有些人这么做了后来很成功，有些人没有这么做后来也很成功；有些人这么做了后来混得比较废，有些人没有这么做后来也混得比较废。但所有上述的人，有些人就是很幸福，有些人就是不幸福，这些事儿看起来都很随机。所以你看，出国并不是生活的必需品，读商科也不是成功的必要因素，赚很多钱更不是幸福的充分条件。要不要出国？该不该读商科？这些都是关于生活方式的选择，有人适合，有人未必。别拿冒险当勇敢，别拿糟钱当投资。

01

差点儿入读野鸡大学

在我很年轻的时候，出于幸运，我得到了很多前辈的指引，得以在走过许多弯路、虚度许多光阴以前就明白了不少关于留学和职业发展规划的大道理。

故事得从我的大学一年级讲起。那是我青春里面最美好的日子，尽管当时生活条件非常艰苦——八个同学蜗居在一间十平米没有空调的上下铺寝室，没有手提电脑，没有无线网，没有 iPhone。北京的冬天，公共洗漱间敞着缺玻璃的窗户，没有热水。一年到头吃着一块钱的早餐、三块钱的午餐和两块钱的晚餐，我也完全没有觉得日子有什么不好过。同寝室的妹子们聚在一起唠闲嗑时激动分享的主题包括偶然间买到的一包超好吃的方便面，或者跟在猫扑上聊着的网友见了面，虽然对方人长得难看，但是大方请吃了很高端的吉野家牛肉饭，所以不亏。

330 寝室八公主

这就是我的大学，是我那一屋子的好姐妹。想当年都是亭亭玉立的美少女，而今各奔东西，嫁人的嫁人，生娃的生娃，生二娃的生二娃。虽说在读书的时候，大家每天扎堆在一起，难免有些小摩擦、小矛盾，以及互相瞧不上的地方；但今天想起来，还是觉得很亲切。那么问题来了，猜猜看哪一位是我呢？

那个时候的我并没有认真想过未来，却能盲目地很乐观，坚信自己的未来一定会很美好。虽不过念着一个普通小本儿的边缘专业，却有一份很大的野心，完全无知者无畏地认定自己以后可以飞黄腾达——进入一个高大上的企业，做一份有逼格的工作，赚成千上万数不过来的美钞，不问价格就买下一眼看上的漂亮衣服和名牌包包——且居然从未对我会拥有这样的美好未来产生怀疑。

我们大概都是这样，越是懵懵懂懂的年纪，越是一无所有的时候，就越能够快快乐乐地生活在梦想里面，并且在梦想的鼓励下大胆去创造奇迹。还记得那时候执拗的我穷巴巴地坚持着一份异地恋，为了赚到足够的钱每天都给小男朋友打将近一个小时的七毛一分钟的长途电话，绞尽脑汁毫不挑食地打各种零工，从三十块钱一个小时的家教、五十块钱一天的商场促销员，到一百块钱一天的展会翻译，哪怕要在盛夏的北京挤两个多小时的无空调公交车奔赴工作地点，也毫无怨言。有那么一阵子，我的全部梦想就是能拥有一张不限通话时间的长途电话卡。我就这么埋头苦干着，居然有一天机缘巧合得到了一家财富500强外企大公司的人事部经理的青睐，获得了一份每个月固定收入几千元的实习工作。在那个年代，对于一个一贫如洗的大学生来说这真是一笔值得骄傲的财富。除了钱本身，这份工作也成为我职业发展的起点。后来，我正是借着这家公司的大名和在这个岗位上积累起来的经验获得了第二个实习机会，以及大学毕业后的第一份工作、第二份工作，直到进入管理咨询公司和投资银行。看来"每个人的初恋都会影响他一辈子"这话是极有预见力的。

总而言之，当我们还小时，未来还远，每个人都在希望里活得无忧无虑，或觉得天大地大，等自己学好了本事，哪里都能去，出国嘛，自然也不在话下；或觉得自己还年轻，长大还遥远，还可以先做一只享受当下的鸵鸟。

就这么谈着恋爱唱着歌，我这个迷茫的不靠谱小青年在与初恋男友的分分合合、吵吵闹闹中挥霍着自己最美好的青春，还没来得及打算未来，未来就找上门来，一晃到了大四。好似被一通突然响起的尖利闹铃搅扰了好梦，我挣扎着翻过身正想再睡过去，却迷迷糊糊听见有人在耳边说，醒醒吧，少年，没时间再做白日梦了，你必须开始规划自己的前途了：毕业以后干啥嘞？于是我一个激灵坐起身，再也睡不着了。

毕业以后干啥嘞？当时我们英语系的同学主要分为三派：一是只占极少数的考研派，大概因为考研太辛苦了吧；二是工作派，这一派的人也不太多，实际上大家找到的工作也没有特别牛气——这不意外，毕竟我校不是什么顶尖牛校，而我们专业又属于被嫌弃的专业；三是留学派，是多数，这一派的人说起"毕业出国"四个字的时候个个面露得意，很自豪的样子。于是，在大四过半的时候，每隔几天就有同学很幸福地报出一个我从未听过的什么university 什么 college 的大学名称，往往再加上一个表示该校排名的数字，说被录取啦好开心。巧的是，那一年，不少亲朋好友家的孩子也在计划着去国外读研究生并且也一个接一个地成功了。于是我的爸妈就觉得我不能比人不如，也应该出国去，并就此向我施加了很大的压力。每天浸泡在这样的环境里，我突然很想出国，连为什么出国和读什么专业都没有好好想过，只是觉得他们都出国了，我也应该出，我凭什么不出！现在看来这种想法实在可笑极了。

临时起意要出国的我在申请外国学校这件事上一点准备也没有，自然优势全无。首先本科四年期间我差不多都在参加各种学生会活动、实习和打零工，学习成绩很烂，也没有做有关 GRE、GMAT 或托福的任何准备，根本就不具备留学申请的基本条件。现在看来，自己唯一的长处是社会活动和实习经验丰富。可那个时候的我周围并没有什么靠谱儿的留学申请咨询师，没有人告

大学的时候，我曾经很认真地跟我的初恋小男友讨论关于出国申请的事。他是那种特别聪明、不学习都可以考高分的人，而我是那种别人说什么就信什么、出门不带脑子的人。

诉我可以利用丰富的社会活动和实习经验申请名校的商科专业，更没有人告诉我写好申请文书、搞好面试也能为申请大大加分，只是道听途说地知道出国是要拼成绩的，而这种言论在我这样一个从小在中国的升学考试体制里面泡大的孩子听来又是多么的天经地义和值得相信。

明知道自己的大学成绩就是一锅粥，准备出国考试又来不及，我却像着了魔一样，一天到晚地琢磨怎么出国，从没想过要先找份好工作给前途保底，干等着校园招聘会一场场结束，自己把自己的出路完全堵死，还觉得这次是破釜沉舟了，挺悲壮。更奇怪的是，我也不知道那个时候的自己为什么那么无知，想出国却不自己动手上网查资料，了解外国学校、申请流程和录取条件，而只是没头苍蝇一样到处问亲戚、问网友、问闺蜜、问同窗，向最多只有一次成功申请经验的师兄、师姐讨教，希望从他们的只言片语中发现留学申请的不传秘籍。就在这个时候的某天下午，我在学校食堂门口看到一张我校合作大学研究生项目的招生宣传海报，醒目的大字写明了一年拿硕士学位，不需要 GT 成绩，不需要复杂的申请流程，只要是本校毕业生，缴纳足额申请费基本就可以获得录取，还 100% 给奖学金，真可谓"物美价廉"。本来嘛，这样的申请条件一看就知是个水项目。可有着严重病急乱投医心态的我却自认为是抓住了关键时刻浮上水面的最后一根稻草，幸运地搭上了留学的末班车，当天下午就冲去学校的外事办报了名，接着顺利获得录取，签了证，最后还买好了学生机票。

毕业去向有了着落，我一颗焦虑的心也跟着平静了下来，逐渐恢复了独立思考的能力。不对头！有什么东西不对头！这一切也来得太快太容易了吧？那是什么学校、什么专业，教育质量可好，毕业就业前景如何，等等，这一系列问题我都不曾考虑过，怎么就能决定要花去父母半辈子的积蓄去留学呢？更奇怪的是父母还满心欢喜地全力支持。我们学校的很多同学都报名参加了这个项目，大多是跟我一样学习不好且大学期间没有什么人生规划的人。这事怎么这么别扭呢？距离飞机起飞的日子只有不到十几天而已，我却完全无心收拾行李，只是一天比一天加倍焦虑地思考着出国的意义。

临行前的最后一周，发生了一件很幸运的事情，给了我勇气毅然选择放弃这次出国的机会。我当时正在实习的某世界500强公司有位与我关系颇亲密的HR姐姐，漂亮精干，追求者众多，是公认的女神。我俩很聊得来。

女神姐姐平日里常劝我毕业后留在公司工作或者帮我推荐去一个更好的地方，我只是笑笑，也不搭话。出国事定，我开心地跟她分享，没想到她听说我的计划之后非常反对："你要去的是什么野鸡大学啊？一年拿硕士有啥用？这什么专业你懂不懂？脑子进水了吧你。"她的情绪很激动，"你听着，我介绍你认识我的一个朋友，他是专门帮人申请美国顶尖名校的，我见过他的不少学生，都是很普通的人，但很多都去了什么哈佛、耶鲁、斯坦福这样的牛校，读商学院，毕业后直接年薪百万。我觉得你应该静下心来先工作，工作几年后再去美国读名校。"

什么？美国名校？哈佛、耶鲁、斯坦福？这些名字都是我不到十岁时就耳熟能详、却从不敢痴心妄想的，这样的名校应该离我这样的学渣很远嘛。实际上，真正说服我的短语是"年薪百万"，作为一个没见过什么大世面的小女孩，实在是太容易被这么多钱吓到。怀着眼不见不能相信奇迹的心情，我决定一探究竟。

接下来的一个周末，我跟着这位女神，参加了她的朋友和一群名校校友的聚会。我还记得那是在北京798工厂区的一个小酒吧里，灯光陆离，觥筹交错。在场的每一个人看起来都很普通，不像是有什么三头六臂的样子，可就是这些看起来普通而且很年轻的人，却都是在做外企高管啊、管理咨询啊、

女神 Grace 姐姐

　　特征：刀子嘴豆腐心，目空很多人，自称日光女神

　　爱好：谈恋爱

　　特长：浪漫异地恋

　　据说 Grace 年轻的时候曾经混过娱乐圈。这么多年过去，我都时常思念她，觉得她是一个不食人间烟火的神奇存在。

投行经理啊这样的金领工作，个个年薪百万以上。在聚会上见到的每一个人跟我聊起天，听了我的经历，都对我的决定表示惊讶，纷纷劝我说："不要这样做，你应该先去工作，积累一些经验，然后去申请名校。你可以的，你非常棒！"整个晚上，我都睁大了眼睛，张大了嘴巴，惊奇地听他们每个人讲述自己的故事，哦不，不是故事，对那时的我而言，那就是传奇。原来一个人的人生竟可以如此精彩！小小的我惊呆了。

就是在那个周末的那样一场微醺的聚会上，我找到了那个让我夜不能寐的问题的答案：我应该暂缓出国，先工作，过几年再申请名校读商科，转行当金领。就这样，我撕毁了机票转头去找工作。不是我败家，只是图便宜买了不能退改签的舱位，实在没有其他处理方法。之后我在一个普通的工作岗位上埋头苦干了好几年，专心考GMAT，然后去美国读商学院，毕业后如愿进入了那些我曾经很仰慕的管理咨询公司和投资银行。每天出入着那些经常客串明信片背景的著名建筑物，每月10号看到工资单上的数字比我以前一年到头省吃俭用存下的全部积蓄还要多，真的是做梦一样。

实际上，去名校读书带给我最多的并不是一份工作或者是金钱的回报，而是一种自由，一种确信自己有能力进入许多不同领域的企业或者世界上任何国家去工作的职业发展自由，一种知道自己可以在更广阔的时间和空间范围内选择不同生活方式的人生自由。虽然在今天回头看，当年放弃出国、先工作、再申请名校应该是每一个经历过出国的人都能够轻易做出的正确判断，可在当年，大四毕业，没有工作的我突然放弃出国，在不少的家人和朋友看来是匪夷所思，是犯二，是拿学业当儿戏，是用前途在胡闹。就这事，气得我爸几个月都不跟我说话。那时的我不免产生这样的疑问：是我太疯狂，还是这个世界不正常？

这是我第一次听说"投资银行"。大学时代的我根本就不知道这个如此高档次行业的存在，不知道在投行里面所谓副总裁这么吓人的头衔不过是一个干大活儿的小领班，更无法想象投行里的员工个个年薪几十几百万人民币。

经过这么多曲折,我终于明白,所谓留学,不是目的,只是手段,申请到某名校某专业并不是皆大欢喜的结局,相反,那只是个人发展的开端。留学不应该是一个人在特别迷茫的时候所做出的一个可能随意、可能带有盲目攀比或者逃避性质的冲动决定;它应该是一个人综合考虑了人生规划、职业发展、投资回报等众多因素后所做的慎重决策。出国前一定问清楚自己,这钱这时间,你花了,能换来什么呢?

02

十问商科留学

找我咨询留学的学生们最常问我的问题之一是：老师，您看我适合出国读商科吗？找我咨询留学的家长们最常问我的问题之一是：老师，您看我这孩子适合出国读商科吗？

这是一个严肃的问题。我从不轻易给任何一位来咨询的学生或者家长一个凭想象、凭经验的主观答案——或者说，我并不希望扮演人生指南者的角色，随意开启上帝视角，言之凿凿地告诉别人这样好，那样不好。我更愿意提供一套帮助学生和家长做决定的方法，让他们通过深入挖掘自身需求，找到问题的答案。在我看来，出国到名校读商科的价值，远远大于找到一份更好的工作或是得到更高的薪酬。

我会给学生和家长一份精心设计好的问卷，要求他们认真思考，选出答案。然后，我会跟他们一起分析这些问题和答案所代表的意义，并据此给出留学建议。我把这套方法叫作"十问商科留学",我认为这是一套简单易行的商科留学力评估体系。在此我将这套评估体系的主要题目和答案,及其所代表的意义列举如下。

十问商科留学

问题一 你出国的主要目的是?多选。

A. 定居移民;

B. 获得居住在国外的人生体验;

C. 取得名校文凭;

D. 转专业;

E. 与亲戚或者朋友团聚;

F. 获得海外工作经验,提高就业竞争力;

G. 回中国找到好工作;

H. 避免国内的考研竞争;

I. 不想过早毕业参加工作或者目前找不到好工作。

我一向认为,留学只是手段不是目的,读名校也只是手段而不是目的。理性规划留学的第一步是搞清楚自己的目标;你是希望出国去生活几年试试看,还是要移民到另外一个国家?居住跟旅游感受大不相同。你是否希望在海外积累工作经验,长长见识?对,主要是长见识。海外高薪不等于回国高薪,在发达国家开个卡车、修个马桶都是高薪职业,而在国内很多外企高端职位的工资早就赶超国外同样企业的对等职位了。

问题二 你喜欢哪个国家?可多选。

A. 美国。目前世界上最强大的国家,好大学众多,学制1~2年,毕业后有留美工作的可能,留下后拿绿卡转公民皆有可能;

B. 英国。曾经是世界上最强大的国家，好大学若干，属于教育出口国家，研究生学制以一年为主，毕业留英国工作概率很低；

C. 法国等欧盟国家。曾经也是世界上很强大的国家，有一两个很好的商学院；国家很浪漫，住起来舒服，好吃的多；缺点是工作也不好找，主要障碍是语言；

D. 澳大利亚。移民国家，基本属于读书送绿卡，留下不太难，找到好工作不太容易的国家；

E. 加拿大。美国的后院，移民国家，跟澳大利亚很像，只是冷一些；

F. 新加坡。地方很小，银行业与金融业发达，毕业后有机会留下工作，移民也有机会。

你想去什么样的国家？这是申请人首先应该认真思考的问题。建议综合考虑不同国家的社会环境、生活方式、找工作的可能性、换绿卡的机会等因素。总的来说，美国综合实力强，有工作和绿卡机会，给高素质人群提供的职业发展机会更多，工资更高，是最热门的选择，申请竞争也最激烈；英国、加拿大、澳大利亚等国家，个人发展机会有限，也相对较容易申请。

问题三 你留学的总预算是多少？学费生活费都算在内。

A. 十万人民币以内；

B. 三十万人民币以内；

C. 五十万人民币以内；

D. 八十万人民币以内；

E. 一百万人民币以内；

F. 无所谓，花多少都可以。

资本主义社会最显著的特征之一就是一分价钱一分货。在同一个国家的范围内比较，价格贵的学校就更好，排名好的学校就更贵，大抵如此。去美国读名校的无奖学金全包[1]价码基本八十万起跳了；十万元仅能选择俄罗斯、南非、德国等一些国家。尝试不要去计算什么留学投资和工资回报，未来的事情没人料得准。我认为在国内或者国外相当水平的大学读研究生对学生毕业后的薪酬影响不会太大，出国读书的投资为你买到的更多是一份宝贵的人生经历。

> **问题四** 你毕业后是否希望在以下的某一个或者某一些领域工作？
>
> A. 金融和相关领域；
>
> B. 管理咨询或者市场咨询；
>
> C. 市场营销；
>
> D. 销售；
>
> E. 人力资源管理；
>
> F. 广告或者公关公司；
>
> G. 管理培训生；
>
> H. 公务员或者国企。

留学归来，你希望在什么领域工作？回答这个问题之前，请确定你了解这个行业。许多学生都曾一脸确信地跟我说："老师我想做金融，我要去投行。"可一旦我追问他要去哪个部门做什么职位，立刻一脸懵，表示不知道。不同的领域工资待遇水平、工作强度和生活节奏不同，对留学生的需求也不同。金融和咨询行业大概是名校留学生最集中就业的行业；大外企，特别是美国外企，也会给留学生一些优待；政府部门或者国企里面留学生很少，而且留学背景往往不受重视，反受排挤。

---

[1] 学费加生活费加其他费用全算上。

> **问题五** 你期望在留学期间学习什么课程和参与哪些活动？
>
> A. 计算机编程和数学建模等高端难学课程；
>
> B. 管理学和领导力等软性课程；
>
> C. 金融、会计、宏观经济等实用性课程；
>
> D. 写论文等文史类课程；
>
> E. 数学、物理、化学、生物、地理等计算和研究型课程；
>
> F. 参与企业或者政府赞助的社会实践类项目；
>
> G. 在某一个领域自我钻研；
>
> H. 创业。

在外国读大学的确费用很贵，但也往往贵得物有所值——学校为学生提供优质的课程、知名的教授、丰富的课外活动和各种职业发展资源。如希望更多了解校园、课堂、教授、就业，请查阅学校网站，或者在 YouTube 网站上观看视频，有条件的可以亲赴学校访问。

> **问题六** 你的英文考试能力如何？
>
> A. 轻松搞定出国考试；
>
> B. 要花时间好好复习才能完成出国考试；
>
> C. 基础差，很难完成出国考试；
>
> D. 不想参加出国考试。

如果你都想明白了，要留学，要读商科，下一步就是客观地分析自己的背景，评估能否进入理想的学校。出国最基本的要求自然是参加出国考试，而且经过努力后，考试成绩可以显著提升，但需要投入相应的时间和努力。考试成绩在一定程度上决定了申请人入读学校的档次。

问题七 你的英文口语水平如何？

A. 接近母语，可以轻松与外国人对话，还能引经据典、幽默风趣；
B. 流利，用英文交流无障碍；
C. 会说，能用英文讲明白自己的意思，但可能要加点手语；
D. 哑巴英语，读写还成，听说都很烂。

口语水平的提升可能比出国考试成绩的提升更慢一些。名校重视口语，面试需要口语，在外国生活需要口语，找工作需要口语，口语水平将直接限制学生的申请和求职范围。

问题八 你的性格外向吗？

A. 非常外向，跟谁都能聊天，也很喜欢跟外国人交朋友；
B. 还行吧，也能跟人聊聊，但是更愿意待在自己的小圈子里面；
C. 不外向，我不喜欢跟陌生人说话，陌生人和陌生的环境让我紧张和不舒服；
D. 很不外向，跟陌生人说话和去陌生的环境简直让我痛苦。

跟中国人比起来，老外都超有表现欲、超有社交能力，讲话都是一套一套的，跟陌生人说话都跟老朋友似的，五岁小朋友见面都是互相握手的。要在外国有发展，活得有融入感，外向的性格是必备条件。

问题九 你具备勤奋刻苦的精神吗？

A. 是的，我非常勤奋，爱学习，爱劳动，吃的是草，挤的是奶；
B. 还行吧，我愿意学习，愿意努力劳动，但有时候也会犯懒；
C. 可能不吧，我虽然有一颗想要进步的心，但肉体总是软弱的；
D. 肯定不啊，我的人生追求就是舒适惬意，得过且过。

读书很苦，读名校更苦，读商科名校特别苦，毕业后的职业发展之路也一样是高强度、高压力的，吃苦耐劳的精神可谓留学必备。对于真正适合的人，读书毕业后找工作根本不是问题，能赚很多钱，能成就很大的事业。而对于不太适合的人，在名校的每一天都可能过得很痛苦，还有可能被退学。

> **问题十** 你对幸福人生的定义是什么？
>
> A. 事业成功；
> B. 赚到很多钱，家有余粮，衣食无忧；
> C. 身体健康，家庭幸福；
> D. 拥有自由，可以支配自己的时间。

留学的选择也是人生选择，所谓选择，就是不能什么都要。要成功就得有付出，要获得也一定要放弃，所以最后这道题是一道单选题。

关于留学的决策其实可以非常理性，就像数学公式一样，输入一个变量，得到一种结果。有时候，这样理性思考得出的答案可能跟感性的结果大相径庭。虽然留学可以是一件感性的事，但我会建议每个学生学会用理性的方式来思考它，即便你最终选择随心所欲，你至少要知道未来的路是什么样的，走下去将要付出怎样的代价。

2005年到2008年，我在北京国贸片区的一个写字楼上班，座位紧靠窗口。我时常在下班后或者周末一个人在办公室加班或者看书。我很喜欢这样不被打扰的安静时刻。有时，我会出神地盯着脚下的国贸桥上因拥堵而静止的车流许久，心想：我不能就这样一辈子待在这座大楼上，或是对面本质无二的那座大楼上，朝九晚五，重复着雷同的工作，看北京浑浊的天空。我要去美国，我要走遍全世界。这就是促使我拼命考试、不顾一切申请出国的最大动力。

03

走最适合自己的路

韶华易逝,青春难返,这一生请用来做自己最喜欢的事。

我能用我的留学观影响一些家长,但不是全部。一部分人会将信将疑地问我:"老师,你说的是真的吗?名牌学校能考进去还能有毕不了业的道理?如果一个专业学好了能找到好工作,能赚很多钱,能很成功,喜欢与不喜欢又有什么重要的,不就是打份工吗?"一部分人索性认为我就是一个忽悠人的"中介老师",这么说无非是在故弄玄虚。但我真的希望我能够成功说服更多家长和孩子去思考而非盲从,因为像留学和人生规划这样重大的决策关乎一个人一辈子的成就和幸福,值得投入认真思考的时间和精力。而我也亲眼见过太多让人扼腕叹息的例子。

我知道这些关于人生选择的问题对很多学生来说是陌生的。从小到大,升学、升学、再升学,名校、名校、进名校。

中国的孩子们在大学之前的日子大都过得方向感十足，在遇到"大学毕业以后做什么"这个多选题之前，可能从未需要去选择或者说从未被给予选择的机会。不习惯面对这种自由的人会感到恐惧，如果选错了怎么办？走了弯路怎么办？害怕踏错走出校门后的第一步就会从此落后于同龄人，再也赶不上，害怕因此就耽误了毕生的事业。这时候的父母们更是跟着着急，想帮忙，想给孩子出主意。很多家长都深信，自己人生阅历丰富，一定能为孩子做出更好的决策。可实际上，时代的变化可能远远快过我们的想象，这种爱子心切的行为可能很危险。谈谈我一个好姐们儿的家事。

帮倒忙的孩子妈

我一姐们儿是某高薪行业知名公司的高管。有多高呢？副总裁级别。她有一个很听话的女儿，考大学、选专业全听家里的意见，高考志愿填报的是国内某名校我姐们儿公司相关专业。姐们儿的小九九算得很清楚：自己在本行业有资历有人脉，怎样都能拉孩子一把，不求飞黄腾达但愿前程无忧。一个姑娘，不需要什么远大理想，小日子过安稳了就挺好。按照我姐们儿的规划，孩子大学四年间专心学习，并在该行业多家著名公司积累了可圈可点的实习经历，毕业后顺利申请到美国名校木专业研究生继续深造。学校在大城市，学费、生活费双高，两年教育投资近百万人民币。钱不是问题，读名校是好事。

可就在孩子即将毕业的时候，一天半夜，我突然收到姐们儿的来电，声音听起来急躁且伤感："怎么办啊怎么办？真烦人啊！我女儿突然跟我闹腾说非要转专业，要么就辍学。这可怎么办啊？"果然，出大事了。

"啊？为什么啊？"我也觉得非常意外。

"就刚才，女儿突然打电话给我，话还没说上一句，就哇哇大哭，然后就连哭带埋怨地闹着非要转专业。她说，自己本来就不喜欢这个专业，小时候都是因为听着我的话就学了，其实一直学得很吃力，也很不开心。好在本科课程简单，只要肯努力，总能得到好成绩。后来去美国读研究生，一切都大不一样。名校的教授对研究生们要求很高，希望学生在课题上独立钻研，有自己的想法和研究成果。缺乏兴趣的她学得疲于奔命，现在眼看要毕业了，毕业设计根本就做不出来，每天熬夜苦读，也不知道毕业证能否到手，更没时间和精力去找工作。这还不算，她还说一想到要在本专业就业就恐惧，说不能想象自己怎么可以在未来的很多很多年里都奋力去做一件自己根本不热爱、不擅长的工作。真若如此，人生就没有希望了，活不下去了。最后她说，忍了这么多年，没有告诉我，就是因为以前完全想不清楚自己究竟喜欢什么，其实也没怎么想过这个问题，只是听我的话往前走，读着名校，别人羡慕，自己麻醉。到现在终于意识到，虽然还是不确定自己喜欢什么，但是至少知道自己不能再去违心地做不喜欢的事。已经做了这么多年，明明白白的感觉就是不喜欢，也做不好，不如拉倒。你说说这孩子！我挣钱供她读那么贵的书我容易吗？要不是为了她我早就退休做我想做的事情了我……现在身体也不好了，各种高，还要苦兮兮地加班加点伺候好我的更年期的女老板，我图什么呢？还不是为了她？！"说着说着一个年近半百的人就有要哭的意思。

接下来的情况可想而知：这个家庭陷入了一场可怕的战争。双方争斗的结果是孩子继续学业，拼命获得硕士学位，然后去做妈妈的同行，一份安稳却没有爱的工作。

风波暂时平息，但我的内心却久久不能平静，自责让我深感不安。要说这件事，我也难逃帮凶的嫌疑，我与这孩子相识多年，作为一个长辈，不管是孩子考大学还是申请出国，都曾经出过力、帮过忙。长期以来，我深深认同姐们儿给孩子的规划，一心要帮助她为孩子搭建一条最轻松顺畅的人生成功路。我甚至暗暗地羡慕这孩子有这样一个有能力为她打算的亲妈。可现在看来，真的是大错特错了。面对自己的好姐们儿和亲侄女一样的孩子，我居然出于保护和帮人一把的目的，完全忘记了我作为一名留学咨询师本应该做的工作：挖掘一个年轻人的潜力，帮助她了解自己，了解世界，发现自己的梦想，然后鼓励她去冒险，去吃苦，去实现自己。我忘记了也许有一天，就是这一天，孩子自己会想明白，会吵吵闹闹地记恨我们这些大人，因为我们这些打着爱她、关心她、帮助她的旗号的大人们曾经齐心协力、不可挽回地将她带入一个她自己根本不爱的职业生涯，并且因为不愿意面对沉默成本，不愿意承认失败，而努力规劝她在错误的道路上继续走下去。就这样，一个生来就有个有本事的妈，可以轻易获得很多旁人没有的机会，本该是人人都羡慕的孩子，却因为听妈妈的话，没有在年轻的时候去发掘和追求自己的梦想，而是凭理性踏上一条"最安全"的路。哪知越走越痛，走了大半却悔之晚矣。我真的不敢去想象后面的故事。

其实类似的剧本每天都在我身边上演，作为一个有责任感的教育界愤青，这让我痛苦不堪。去年我曾遇到一个学生，一个非常聪明、勤奋刻苦的女孩，知道自己想要什么，成绩也好，来找我咨询留学，就想去美国的顶尖名校读商科。她爸爸非常爱自己的女儿，觉得自己开公司、炒股赚到的钱可以让女儿过上小康富足的生活，于是很不希望孩子去什么投行、咨询公司受苦，也根本不愿意资助女儿出国读书，他给女儿的规划是毕业后回老家考公务员。在公司的小会议室里，我们三个人坐在一起，深谈了数个小时。最终，我说服了这位父亲支持女儿的留学计划。但是短短几个月后，我就听说这个女孩儿最终还是放弃了出国，因为父亲经过慎重思考，仍旧决定让她回老家考公务员。我的同事跟我说："孩子打电话告诉我们这个消息的时候哭得稀里哗啦的。"我还有另外一个学生，也是聪明勤奋刻苦俱乐部的，在一线城市读医科大学。虽然她明确说自己未来一定不会去行医，要读商科、要转行，但在准备申请的同时却一直不得不花大量的时间准备医师资格考试，每天起早贪黑，苦不堪言，也在一定程度上影响了她的申请。她这么做的原因很简单，因为高三毕业时按照父亲的期望报考了医科大学，还是顶尖名校，一学就是五年。父亲认为如果最后不拿一个资格就可惜了这么多年的青春。虽说打算好了转专业，但父亲坚持要她先考一个证。考试、拿证是父亲资助孩子出国读书的前提条件。一个局外人看到这些例子可能会想，当家长的这么做，不是害了孩子吗？但这确实是我遇到的很多父母都在做的事情，并且是站在"我爱孩子"、"我为孩子好"的道德制高点上，理直气壮地做。你说他们吧，他们还委屈得不行。

正因为一次次看到这样的案例，我不断地跟我的每位学生强调，出国读商科需要理性慎重地评估匹配性。放下出国就好，放下移民就好，放下名校就好，放下金融就好，放下一切怎样怎样就好的绝对判断，放下一切从众的思维，面对自己的内心想清楚：我究竟是否适合出国留学读商科？这是不是我想要走的路？这是不是我最能发挥自己长处的领域？因为总有一天，你必须独自面对这个决定和它所带来的影响。

04

向小扎的爸爸老扎致敬

做父母的，难免将自己的心愿寄托在孩子身上；做孩子的，也难免受到父母世界观、价值观、生活习惯等的影响。望子成龙并非中国专利，育儿经、教子经一向是世界各国畅销书排行榜的常客。谈到鼓励每个人勇敢去追求自己梦想的话题，我想跑个题，插播一下我所知的那些让我崇拜的人物的故事和我所欣赏的教育经。

相信很少有人不知道，现今世界上最年轻的富豪是脸谱网（Facebook）的创始人马克·扎克伯格。他大二辍学创业，白手起家，年仅28岁就坐拥数百万亿身家，美元哦！虽然他承诺要捐出99%的个人财产，但依然比无数普通人要有钱得多。这样一个全世界年轻人羡慕嫉妒的对象，不由得媒体不去八卦一下这位年轻富豪的成长历程。

老扎没有育儿经

小扎出生在一个传统的犹太人家庭，他爸爸是老扎，一家人日子过得很低调，不怎么被采访，百度、谷歌中英文搜遍，来来回回也就那么两篇新闻稿被反复改写，四处引用。老扎也没有去写一本叫作"我怎么培养了小扎"的书。关于老扎的育儿经，其实他自己基本上就没有公开谈过。扒遍互联网，我只找到了两句原汁原味带引号的话，第一句是："我有很成功的孩子们，于是人们总是想仿效我的模式，但事实上，我并没有采取什么特别的育儿方式。"第二句是："为人父母，我只能说，你的确可以为子女安排你想要他们过的生活，但这不一定就是他们想要的。父母应该鼓励他们追逐自己的梦想，此外，就是尽量多地与孩子们相处。"

集合所能搜集到的网络片段，我整理出一个非常模糊的小扎的成长历程，有这么几个高潮：

第一个，小扎的"粑粑麻麻"都是潮人，资深科技粉。老扎年轻的时候想去搞高科技来着，被父母反对，最后从事了犹太中产家庭孩子的经典职业：牙医。老扎爱用最先进的技术和设备武装自己的诊所，是当地著名的高科技牙医；

第二个，老扎年轻的时候也干过什么拆电视的事儿；尽管不富有，但在尖端黑科技方面败家从来不心疼钱；

第三个，小扎年轻的时候一度迷恋拍电影。为了支持儿子，老扎给小扎购买了昂贵的摄像设备，结果小扎新鲜了几天就不了了之了；

第四个，老扎是IBM电脑的第一代用户。在电脑还用软盘驱动、是奢侈品的时代，老扎用一万多美元一台的价格，给四个儿女一人买了一台；

第五个，小扎十岁开始对编程感兴趣，老扎立马给请了个程序员家教；教了没两天，老师辞职了。辞职的原因是不能胜任工作，"你家这个娃学得太快啦！"

第六个，小扎上初中的时候自己在家里编程，设计了一个能让家人在各自的房间不出门而通过打字来互动的"社交网络"程序，家人都很喜欢；

第七个，小扎在上大学之前就会给企业编程序赚钱了；

第八个，小扎读了两年哈佛，在宿舍里鼓捣出了脸谱网的原型，决定退学创业。老扎连儿子退学后打算做什么也不太清楚就表示支持。

更加详细的添油加醋版本大家可以自行百度。老扎的做法总结成一句话，无非就是孩子要干啥就支持他。其实很多美国中产白人家庭也在用类似的方式教育孩子。可是这么做，在中国家长看来实在是太可怕了。他们会跟我说，国情不同啊，中国竞争多激烈啊！让孩子想干什么就干什么那绝对不行，要是个男孩儿，他还不得一天到晚打游戏啊！我同意凡事不能走极端，都该有个度，对孩子不能搞100%的自由主义。但在中国的现实一定不是孩子们被赋予了太多的自由，以至于不务正业、为所欲为，一定是孩子们从小就被整个社会的教育制度框死了学习的范围，甚至是发展课外兴趣的范围，真的是太可怜。一辈子都做自己热爱的事情是很幸福的，我很羡慕这样长大的孩子。我自己直到二十几岁才明白原来一个人有必要去思考"我要什么样的人生"

这个问题，而到现在也不知道自己是否已经找到了答案——因为从小被社会灌输了太多"成功"的标准，"我要什么"的意识早已模糊不清。我相信，知道自己想要什么并勇敢地去追求，专注做好自己热爱的事业，是获得人生成功的捷径。如果一个人一辈子都在做能让自己快乐的事，即便最终没有能够以社会公认的标准获得成功，那这个人的人生也是幸福而充实的。人类的一生，注定只是茫茫宇宙的渺小瞬间，名利如云烟，唯有时间是真正属于每个人的财富。

关于小扎私人生活的新闻产量不高，但几乎条条有料。比如他跟相恋多年的大学初恋女友结婚，女方家庭无特殊背景且长相身材很一般，一般到媒体热衷于发布她的丑照；比如他给刚满月的大女儿朗读的婴儿读物是《宝宝量子物理学》；比如他虽然身价不菲，却为了庆祝女儿出生宣布捐出 99% 的个人资产以为后代创造更好的世界。功成名就这么多年来，这位互联网新贵的私生活在媒体的显微镜下看来依旧酷到远超常人：我行我素，不过因为太知道自己想要什么。

　　从小我被告知要做爸妈的好女儿、老师的好学生、同学的好朋友、企业的好员工。长大后我自问"我是谁",却找不到答案。我觉得自己就像沙漠里一只被蒙上了双眼的小小变色龙,离开了环境的影响,便找不到自己的色彩。前半辈子,我把自己弄丢了。

啊！虚荣的人类！谁不想高声呐喊：哈喽，我是哈佛大学的毕业生！我就是肤浅，我就是"拜名校教"。

第二章

在名校的日子
浮世绘

在中国，不少家长和学生都有严重的名校情结。很多家长曾跟我脱口而出过类似这样的句型："老师，我的孩子要真被哈佛录取了，我给你十万奖金！"很多学生也曾跟我表达过类似这样的想法："老师，我特别想读名校，只要是名校，我读什么水专业、什么水项目都可以！您给我想想办法吧。"每每听到这样的话，我就笑着问他们，你为什么这么看重名校？你认为哪些大学算是真正的名校？你知道那些传说一样的名校是什么样子吗？

01

谁是名校

所谓名校,也分级别。**一等一的名校**,指那种老牌超级牛校,排名总是杠杠的,名气更是刷遍宇宙无死角,无论是外星人还是地球人,只要稍微看过电视的,就知道,哇,这是神一样存在的学校啊!如果有人表示没有听过这个学校,那你一定可以在内心深深地鄙视他没常识。这类学校还有一个特点,就是普通老百姓基本不会去想我有朝一日要去这样的学校读书。超级牛校在大多数的情况下只是一个传说。这类学校包括哈佛[2]、耶鲁、斯坦福等。**一等二的名校**,就是一般的牛校,排名也是杠杠的,名气嘛也很大,大家会觉得这是很好的学校,很难被录取,如果听说周围谁家的孩子去了这样的学校读书,会很羡慕,但不会特别吃惊。这类学校包括牛津大学、剑桥大

---

[2] 关于一等一还是一等二的分类方式和它们所涉及的几个学校,仅仅是我的个人观点。欢迎读者智者见智。

　　从国家的吸引力来说，美国是更多中国留学生向往的留学目的地，竞争也更加激烈。从国家的环境来看，美国有开放的移民文化，地大物博，发展机会更多，的确优于英国。但是从办学质量本身而言，两国可谓各有千秋；要是认真究历史，哈佛大学可是剑桥大学的毕业生移民到美国以后"照虎画猫"开办起来的。

学、哥伦比亚大学、芝加哥大学、洛杉矶大学伯克利分校等。一等三的名校，排名也是不错的，有些学校名字外国人听上去可能稍显陌生，但本国人基本都很认可。虽说要被这样的学校录取也很不容易，但它们会给人一种可以想象的亲切感，于是成为众多留学党的主流申请目标。这类学校包括帝国理工、杜克大学、纽约大学、南加州大学等。

论谁是名校，必然绕不开排名的探讨。中国申请人很迷信排名。为什么呢？无非是不够了解才去看、才去信。在中国，其实也有一些所谓的大学排行榜，可有几个人真的关注过？中国的顶尖牛校是哪几所？清、北、复、交呗。不管什么排行榜把它们排在第几名，这些学校都永远是国民心目中的神校。假如你问一个中国人，究竟是西安交通大学比较好一些还是中央财经大学比较好一些？究竟是南开大学比较好一些还是武汉大学比较好一些？答案是什么都不会错，回答者有自己的理由，或者是地理位置，或者是校园环境，或者是教授水平，智者见智。对待国内这些大学，大众正是因为了解，所以不依赖排名，更不盲从排名，于是可以按需择校、理智择校。而面对外国的大学，中国申请人往往是两眼一抹黑的，除了学校名字和坊间流传的各种传说之外再无详尽了解，看排名成了最简单，却也最无可奈何的选校方式。

我不是说排名有什么不好，我只是觉得很多学生在选校的时候过分看重排名，成了排名教的信众，这样的行为太偏激。我常常能在 ChaseDream 论坛上看到有人发帖表示同时被两所学校录取，但自己更喜欢的那所学校比另外一所的排名差了三、五名，想去却又犹豫，痛苦万状，纠结到死。倒是我很多在美国读本科的学生，对排名完全不纠结，对选校很有主见。要知道，所谓排名，本质上不过是一个数字游戏，年年在变，很多学校甚至向排名机构付费以获取更好的名次，跟在谷歌买关键字一样。学校排名提高，申请人多，学生多，赚钱多，就有了更多的钱买排名，真是好生意。申请人应该学会真正地了解和欣赏一个学校，找到适合自己的项目，不要被排名游戏精神控制，虽然这的确很难。

如此看重排名的中国申请人，你们知道英、美大学排行榜单的来历吗？知道为何类似榜单在中国就没有流行起来吗？摇头说不知道的，请阅读如下排名小八卦：

八卦排名的前世今生

几乎每位中国申请人在选择留学目标的时候，都会考虑学校排名的问题。每当学生问我："老师，您有什么推荐的学校呢？我想了解一下 Top30 的学校。"我都觉得自己很像是饭店点菜的服务员，听见客人说："小妹，歌乐山辣子鸡来一份！"

大学排名由何而来？开天辟地，混沌之初，世界上的大学本来是相互和谐、相亲相爱的，排名竞争并不存在。但是，有一天，一个媒体人出现了，说："既然世上有那么多人关心子女的教育，就让我们点评一下学校们吧。我们将要做一个金光闪闪的大学排行榜，会让家长和学生们购买更多的报纸和杂志，会让学校向我们支付排名赞助费，会让世人没有排名就活不下去。"就这样，媒体人创造了学校排名，并在人群中极力推广，赚到了名声和金钱，世间的学校却因此再不得安宁。

所谓的学校排行榜本质上是一个打分系统。排名机构先按照各项评分标准给每一个学校的每一个指标打分，再按照各个学校的总得分排出名次。这个打分系统起初没有几项指标，随着时间的推移变得越来越复杂，学校排名取决于很多因素，教学大楼、硬件设施、教授的科研成果、教授的教学水平、毕业生的捐赠、学校的基金总数、入学新生的考试成绩、校友的友善度、就业，等等。全面是全面，但科学性有待考证。因为涉及巨大的商业利益，比如杂志的销量、广告的收益、学校的招生，学校和排名方常常会就排名问题坐下来谈判，某些排名方甚至会直接向学校索取排名赞助费。

为了获取更好的排名，学校的校长可谓殚精竭虑，拉捐款，撩企业，一刻不停，毕竟这是最明显的政绩。招生决策也与排名有千丝万缕的联系，比如弗吉尼亚大学的达顿商学院，原本并非一个唯分数论的商学院，甚至曾经给过 GMAT690 分的中国学生高额奖学金。可自从学校 2006 年至 2008 年度排名走低之后，近些年录取学生的平均 GMAT 成绩一路飙升，排名在同一时间也提升不少。影响学校排名的还包括一些不可控因素，如宏观经济。坐落在底特律附近的密歇根大学罗斯商学院，在汽车行业蒸蒸日上、无比辉煌的年代，一度稳稳地蝉联前十许多年。可如今，随着美国龙头汽车产业的萧条甚至破产，学校的排名也是无可避免地一路走颓。翻开各大排名榜单，对比五年前、十年前的排名，或许前几名的学校变化不大，但十几到二十名的大学能换掉小一半，数到三五十名开外就更是天翻地覆了。有些排名榜单甚至因为运营不善干脆消失了。

2012 年，本人母校的市场部主管写来邮件说，学校致力于拓展中国市场，院长要到中国访问，想问问你中国有没有什么大家承认的商学院排名榜单？我们想跟负责人坐下来谈谈。哈哈，我笑了，这个俺们大中国是没有的！一来媒体没有那么强势，二来公立大学占主导，完全不在意排名这种事。

其实，从 2013 年起，二十一世纪新闻集团就投入巨资，希望打造一份中国商学院的排名榜单，已经好多年啦。这事小伙伴们知道吗？

02

美国人和美国梦

第二次世界大战后的七十多年来,美国俨然已经成为资本主义社会繁荣和强大的代言人,几乎包揽了这一阶段人类的全部重大发明,GDP全球第一,孵化了一大批世界顶尖企业;这个国家也在过去的一百年中几乎是白手起家创建了世界上最牛气冲天的几所大学,赶超了历史更加悠久的牛津、剑桥们。2014年,根据穆迪的统计,哈佛大学的总资产已经超过428亿美元[3],轻松秒杀一票世界500强企业。要谈发达资本主义国家的留学大环境、谈名校,少不了要说说美国。

我从来不是一个崇洋媚外的人,从踏出国门去留学的第一

---

[3] 从严谨的会计角度看,与大企业相比,哈佛大学的总资产并不算太多,但因为其是学校,不会存在很多经营性负债、不良库存、坏账等问题,因此学校的总资产应该几乎等于其净资产。依照该假设净资产计,学校应可轻松超越许多受股价上涨诱惑、习惯性粉饰报表的500强企业。

天起就计划着如何学成归来，报效祖国。我的爸爸妈妈更不是崇洋媚外的人，他们都是老共产党员，觉悟很高，从小就一直教育我要爱党、爱国，不许滋生愤青想法，不许发表愤青言论。"共产党能把这么大的一个国家搞到现在的状态，人人有饭吃，安居乐业，经济发展得这么好，很不容易，很强大，要懂得多看到党的好。天灾战乱你们这些孩子都没经历过，懂啥啊！"

但是，即便有着这样爱党、爱国的情怀，在美国的两年，美国人民的美国梦仍旧给我留下了深刻的印象——更确切地说，是深深地震撼了我。我的父亲只是去美国住了短短的三十天，就发自肺腑地跟我说："美国的确不一样，以前文革时就老嚷嚷咱们过几年就赶英超美，现在改革开放三十多年了也没做到，估摸还得再干三十年才能赶上。"我好奇地问他："美国有什么不一样，哪里强过国内？"我爸说："人的想法。"

美国人民的想法怎么不一样呢？

我与小詹姆士的谈话

在美国的第一个圣诞节，为了省机票钱不回家的我和其他几个国际学生受邀去会计学教授家蹭饭吃。

教授十分热情地拿出许多美食招待我们，并把她的儿子小詹姆士隆重地介绍给我们。小詹姆士只有十岁，是一个典型的出身于美国中产家庭、受教良好的孩子。

我不是特别喜欢小孩子，更对美国中产阶级家庭十岁大小的男孩究竟每天吃什么、玩什么、想什么完全没有概念，但既然教授盛情介绍，我不免吃人嘴软地觉得自己有义务跟小詹姆士扯几句外交性质的闲篇。

那个时候的教授在那个时候的我看来简直就是人生完美的代表：从著名企业CFO职位退休，有一个长得很帅的老公、两个可爱的儿子、一栋漂亮的房子，还有一条很聪明的狗狗。

无奈于实在不知道当着美国大学教授家长的面问她十岁大的男孩有没有女朋友是不是一个脑残的想法，所以我决定使用一个无聊却安全的搭讪段子："嗨，詹姆士，你……长大了想做什么啊？"抛出这句话以后，我才突然觉得，这恐怕是自己小时候被长辈问到的次数最多的一个问题。

"我想去做PE（私募股权投资人）。"小詹姆士很认真地答道。

"PE？"我暗暗一惊，嗯，这孩子可真会聊天。也难怪，我们的会计学教授自己就是金融领域的专家，她的儿子耳濡目染地学说几句流行名词，也不稀奇。但是，这句回答还是激起我强烈的好奇心，于是我追问道："哦？这么厉害啊。那你为什么想做PE啊？你知道PE是做什么的吗？"

我的问话显然让小詹姆士兴奋起来。孩子操着专家的口吻，手舞足蹈地跟我说："当然知道啦！PE做的就是股权投资啊。比如说，你出钱购买一家企业，想办法把它管理得更好，然后再把它卖掉，或者拆开来卖掉，就能赚很多很多的钱。或者你也可以让企业上市套现。跟你说，我特别喜欢汽车，我已经在方向盘前坐下，模拟开过很多次啦，太过瘾啦。妈妈说再过几年我就可以考驾照，然后拥有自己的汽车啦。所以，我想去做汽车行业的PE，买几个我喜欢的汽车公司，说不定还能叫他们设计出几款我喜欢的车，就像大黄蜂那种。如果以后我可以每天去研究和评估汽车企业一定很好玩，还能赚很多的钱用来买最新款的跑车。"说到这里，小詹姆士学着华尔街男主角的样子，压低下巴，眼睛微微向上翻着，炯炯地看着我，并同时耸着肩膀把一只手插在他的背带裤兜里。反倒是当时对"私募股权投资人"的概念知之不多的我被囧得接不上话。

　　事情过去了很多年，到现在大部分的细节都模糊了，我也不记得后来小詹姆士还说过些什么，但是我相信再过多少年我也不会忘记自己当时惊愕的心情。小詹姆士给我上了难忘的一课——我真的很难接受这字字句句一听就是经过很多调查、很多思考、无比认真的话竟然出自一个十岁大的美国小男孩之口。我产生这样的惊愕情绪也并不仅仅是因为听到小詹姆士在这样的年龄说出了这样的话，更多是因为这些话使我回忆起自己的十几岁：那时我和周围的小朋友们都常常被问到这个问题，而我们的答案几乎清一色都是长大了要当科学家、解放军、老师或者医生。对比自己，我一直到二十几岁才知道要去发现和追寻自己的梦想，却不知道这梦想到底是什么；而当眼前的小詹姆士长到我的年龄时，很可能已经为自己的职业发展目标奋斗多年了。身在商学院，想着要转行去投行，对私募股权投资的了解却比不上一个孩子，当时的我恨不能找一条地缝钻进去。不知道盖茨和扎克伯格分别是在多大的年龄决定投身软件和互联网行业的，但他们一定像小詹姆士一样，从小就被教育要发现自己的兴趣爱好并追寻自己的梦想。我不禁再次向这个孵化了从二十世纪至今几乎所有伟大发明的国家深深致敬。

　　就在我跟小詹姆士谈话的那一天，我第一次觉得自己开始理解，所谓美国文化的精髓——美国梦（American Dream）到底是什么：每一个人都保持梦想，相信奇迹，相信真正幸福的人生就是做自己最喜欢的事情，保持追求梦想的激情，相信个人努力可以改变命运，无论贫富贵贱、无论健康与否，大家都生活在追求梦想的脚步声中，充满希望。选择赴美留学，就是选择走进这样的文化氛围里，就是选择被这样的人影响和被这样的观念浸润。

　　一次我去法国巴黎旅行，借助旅行指南，找到了当地人气最高的饭馆。那是一间挤挤挨挨、勉强放下二十几张桌子的小店。我下午4:30到店里，一个服务员正在铺桌布、摆花。我说要吃饭，人家说："你没有提前预订，那不能吃。"我问为啥，他说："我们的座位有限啊。"我说："没事儿的，我现在就吃，吃完就走。"人家说："那肯定不行，法国大餐，你必须慢慢吃，慢慢地享受美食。"我说："那好，那我等，等到第一批客人吃完走了我再吃。"对方说："那更不行啊，客人结束用餐要等到晚上9:00多，今天是星期五，我们招待完第一批客人就要赶紧下班去酒吧喝酒去。"

我相信，留学经历首先会完善和升级一个人的世界观和价值观；用更通俗的话说，能使一个人看到不同的人和事从而增长见识。选择了哪个国家去留学，也就是选择了对应国家的社会主流价值观。美国的主流价值观是这样的，英国怎样？法国怎样？还有澳大利亚和加拿大？还有更多其他的国家和地区，究竟为置身其中的留学生提供了什么样的文化氛围和价值体系？老牌资本主义的英国，人们彬彬有礼却异常保守，社会福利好，管理有序，一切人工都贵得很；人的生活慢慢悠悠，效率不高，留学生基本找不到工作、留不下；即便留下工作也很难融入那个社会，属于教育出口国家。法国很浪漫，很好玩，有很多好吃的；法国人民延续着革命的激情，没事就罢工玩，赚钱和成功肯定不是社会的主流文化；留学生找到工作的主要障碍是法语，好处是一旦找到工作，在这个国家就很难失业；澳大利亚和加拿大都是大农村，一个在热带，一个在寒带，地广人稀鼓励移民；毕业要留下很容易，可就是没有什么像样的工作可干；可以很容易获得小康生活，但是事业感难寻：国家人口太少、机会太少、发展太慢，被福利养懒了的民众们大多安居乐业，在事业和赚钱上不思进取；做大学教授跟修下水道赚到手的钱差不太多，甚至后者可能还略多。你想去哪个国家？关于留学目的国的选择，建议大家买些游记读一读，找找感觉，土豪不妨直接订机票去做实地考察。

03

名校的名利场

谈起名校,我想套用一个一度很烂大街的句型:如果你爱一个人,送他(她)去读名校,因为那里是天堂;如果你恨一个人,送他(她)去读名校,因为那里是地狱。如果让我用一个词来形容那些顶尖牛校,我会毫不犹豫地说:"名利场。"特别是名校的商科相关专业。

数十年来,由于国内学子和隔壁印度同胞的勤奋努力,世界各国顶尖学校的理工学院早就是中印裔的硕士和博士们一手遮天的了。我的一个在美国顶尖牛校读生物制药博士后的朋友曾跟我打趣说,他们的实验室早就被中国人占领了,写论文的官方语言是英语,日常交流的官方语言是上海话。因为这种垄断,实验室、研究室里没有太多文化冲击,气氛学术而祥和。而大部分大学的商科院系仍是本地学生居多,越是牛校,越是如此[4]。要进入顶尖牛校读商科，别说对于第三世界的中国学生来说是件难事，就算是对于土生土长的美国人民来说，都是一场激烈的竞争。所以，这场游戏的优胜者们是带着很多优越感和特权感来学校报到的。

说名校是个"名利场"，我的理由有三：

第一，入学看家世。无论是哪所大学，要在世界名校目录里占据一席之地，都要经过一系列细致而全面的比拼，包括：学校设施、地理位置、科研成果、教学水平、校友网络、就业指数等。硬件方面全看学校有没有钱做基建，软件方面则要看学校的校友在商业界和政治界的成就了。一个众所周知的秘密就是顶级牛校学费虽昂贵，但若仅看学生在校期间校方的收支，又有可能是入不敷出——实际上，学校培养学生的成本远高于向学生收取的学费，学校兴旺发达需要的经费绝大多数来自校友的捐款。2017年度，美国大学一共获得436亿美元的捐款，再创历史新高。归根结底，学校的持续发展取决于培养出来的毕业生们的钱包。这也就是说，一个学校存在的时间长短，校友数量和质量已经在很大程度上决定了它的排名。所以，申请牛校有一个很重要的潜规则，美其名曰"Legacy"，意思是如果你爷爷、奶奶、爸爸、妈妈、七大姑、八大姨都是哈佛毕业的，你被哈佛录取的可能性就大很多。实际上，哈佛在校生中的很大一部分人也的的确确是校友的后代。除了父母亲友的关系，还有更加直接的交易：富豪只要向学校捐款数额足够巨大便可以使其子女优先被录取，甚至为子孙后代都保留在这个学校读书的席位。在Stephen Colbert的纽约时报上榜畅销书《我是美国人（你也可以）》[5]中针对这种现象有

---

[4] 当然也有例外，比如麻省理工大学的金融工程项目，基本上，越数理，越难学的，中国人越多。
[5] *Stephen Colbert, I Am America（And So Can You！）*, Grand Central Publishing, 2007.12.9.

一句非常贴切的高级黑：招生是一个随意的、让人类意志极度受挫的过程，因为无论你有多努力，最终结果往往取决于你认识谁。你可知道人生亦是如此？[6] 当然这一切校方是肯定不会承认的。

第二，读书为人脉。我的前老板，一位美国知名大学商学院的校友，百事中国投资有限公司的前任副总裁，曾经对我说，去顶尖牛校读商科不仅是去学知识，更重要的是去学做人。没有到过美国，没有在那里生活之前，我也看过不少美国大片，美国的房子、车子、公路、食品都没少见。但是只有当我真的到了美国，置身其中才能真正学到和体会到那一切繁华背后所蕴藏的文化，为什么美国人是美国人现在的样子，为什么这里的顶尖名校中聚集了来自世界各地、各行各业的精英。在这里读书，仿佛置身于一个人口世博会，学生们不需要周游世界便可交友天下。一方面能建立起对不同背景、不同文化的理解，待到毕业的时候，你会发现无论对面站着什么人，你都能清楚地理解和由衷地尊重对方的思维逻辑。另一方面能结识到未来的投资人、创业伙伴，并建立起商业同盟，互惠互利，甚至找到人生的另一半。

第三，毕业围圈子。总的来说校友们还是抱团的，后生晚辈毕业后找工作联系前辈帮忙多少也好使。大家无论是工作、创业或者获取信息，都会习惯性地在校友群里吼叫寻资源。跟校友的合作因为有信任基础，往往也更顺利。当然，大家的关系也是微妙的——都在相互比拼，你是什么企业什么级别了，你创业了、融资了、上市了没有，你的个人资产达到多少了，等等——稍不留心就会陷入同僚压力的怪圈，把自己劳尽了心。就算是奋斗累了，想休息下，都还可能纠结地想，这样一来下次校友聚会还敢不敢去了呢？会不会被人笑

---

[6] 原书原文为：Admission is an arbitrary and demoralizing process, and no matter how hard you work, the outcome is often determined by personal connections. You know what else is like that？ Life.

死？于是许多名校毕业生们，明明就已经累到爬不起来，却强迫自己靠精神力量死扛，继续走向成功。真可谓一入名校深似海啊！

这个名利场会拒绝草根吗？不会。草根进名校的奇迹每天都在发生，只是你要很努力很努力很努力，准备好一颗强大的内心。只要坚韧不拔，不达目的不停息，任何人进入并是融入这么一个大大的名利场皆有可能。

我很年轻的时候一次去香港参加校友聚会。到场的资深校友个个都很厉害、很高傲的样子，女校友们手上戴着硕大的钻石，拎着名贵手提包，男校友的手腕上装点着名表，年薪几百万、上千万，或者拥有自己的公司。我们这些年轻的在校生站在blingbling大厅的角落里，衣饰寒酸，小灰老鼠一样各神不自在。

04

这里的大趴不散场

在这样的名校里读书是怎样一种体验？名校真的能在短短两年的时间里彻底改造一个人吗？是不是毕业的时候每个人都可以踏上一朵七彩祥云飞上蓝天？还是像一些人说的那样，不管什么名校，说到底也就是 garbage in，garbage out？

当生活的全部内容被挤压成为学习和找工作的时候，那感觉绝对不浪漫。在名校读商科的日子，无论哪个国家，哪个专业，多多少少，大致如此。新生入校，经历极短暂的熟悉环境的过程以后就要立刻开始一边学习一边找实习工作了。一年期的项目就更惨，要直接面对找工作的压力。

商学院的课程虽说也分专业，什么金融啊、市场营销啊，但实际上是大而全的，会计、管理、运营、战略无不涉及。课程排期紧凑、难度高，学业负担很重。对于国际学生，特别是英语相对较差的中国学生而言，去适应这种新的学习方式和节奏是一个巨大的挑战。在名校里,所谓的精英教育,并不是指把学生培养成精英,而是指学生在入校之前个个都是精英。教授会假设入学的每一个学生,包括对这套教育体系零了解的国际学生,都是无所不能的小天才,都已经掌握了多个学科的基础知识,包括:财务、会计、经济学、社会学、心理学、市场营销、商业文书写作等;个个都是Office高手、编程大牛和数学建模专家;个个都懂得如何做讲演、如何做商务谈判,等等。没有人会因为你是国际学生来给你补课,来教你怎么读书、怎么考试,他们只是粗暴地假设你都能搞定。Google和Wiki成了形影不离的秘书和战友。而且,无论是教授还是同学,也没有人会因为语言障碍就给国际学生什么优待;相反的,他们会从你身上期待更多,希望你总能站在一个全新的视角,提出他们闻所未闻的独特见解。总之,很多中国学生在第一个学期都会被课业逼得很惨。

单是学习就已经够让人焦头烂额的了,还得去找工作。就业办的老师会提醒你,读书的最终目的是谋一份好营生,现在你在学校,那么多公司来校园做招聘宣讲,在学校组织面试,多么方便;等毕业了再找不到工作,你就得自己花钱飞来飞去地去求人了。在商学院找工作是一个大工程。第一步是改简历。在我记忆里,我从来没有拥有过一份被这么多人看过这么多次和改过这么多次的文件:学长、老师、校友,还有任何懂英文、会思考的朋友;简历里的每一行字、每一个词,甚至每一个标点符号和大小写都要经过仔细的推敲。好容易弄好了,兴奋地拿着去找工作,才发现大多数公司还要求申请人附上一封求职信!不写满一页A4纸又显得不诚恳,实在让人崩溃。在招聘旺季(一般是从秋季到冬季),几乎每一天都有招聘企业到校宣讲。对这些企业感兴趣的同学就要按时参加宣讲会。去也不能空着手去,得提前查查公司信息,联络校友,到现场才好和招聘人员套磁,会后还要拿着收集好的名片连夜写感谢信。很多读商科的同学都是奔着投行去的，投行的招聘过程更加要命。首先学校得好，成绩得好，这是起码的条件。此外还需要极强的人际交往能力，要能够跟招聘代表一见如故，相见恨晚，一两月内就搞成把兄弟，才能顺利获得面试资格。

就这样一边学习一边找工作，好容易应付过期中考试熬到了圣诞节，公司休息了，不宣讲了，学生们却不能休息：期中考试过后就要抓紧时间投简历，写求职信，准备面试。所有的折腾要等到来年春天找到工作才能告一段落，没着落的人还要继续。

最难的还不是时间紧、任务重、环境不适应，而是精神上的分裂。学习好需要心若止水的平静，找工作需要无往不利的闯劲，这一静一动的切换，简直能直接把人逼崩溃。就这样，一边是教学委员会眼中关系学校百年大计、不可妥协的教育质量：末位淘汰制像一把剑，公平地悬在每个人的头上，考不好就退学；另一边是就业办老师的威逼利诱，投资回报率的小金算盘，金领、香车、美女的现实诱惑，成功学长的无形压力，家长亲友的殷切期盼，学费、生活费、工作、工资、移民，一切的一切都让毕竟不太富裕的国际学生们不能不惶恐：找不到好工作，一切努力皆泡汤。只见过拿录取信的笑，可见过被退学的哭？

好容易挨到周五晚上十二点，课都上完了，作业也写完了，公司们也走了，似乎这个礼拜的事情已经匆忙交代过去，下一个礼拜还早，终于可以有片刻的喘息了，却还是不能睡觉。因为在同学家、在酒吧，已经有好几个聚会在等着了。你总不是花上百万到名校睡大头觉的吧？所谓的校友资源不要啦？打起精神，换衣服出门吧，不醉不归。说不定今晚还能遇到自己的 Mr. Right。于是当晚，就和同学们齐聚灯光昏黄的酒吧，一边喝酒，一边大喊，呼吸着混杂音乐和酒精的空气，畅谈人生，直到凌晨。

作为一个外国人，来到异国他乡，一切都是新奇的。俱乐部、运动会、演唱会、慈善活动、宗教活动，只有那么一、二十个月的时间，每件事都想尝试，也的确每件事都该尝试，没有人逼你，但是谁又舍得不去？于是只好无底线地放弃睡眠。

在这样高压、高强度的环境里，每个人都被做不完的功课、赶不完的场子推着往前走，被不断地挑战极限。不知不觉，一天睡上4~5个小时也不觉得困；以前一天才能写出的论文后来一个小时就搞定；可以不需要预习和复习而轻易地看透一门课程的精要，并优雅地通过考试；西装革履地穿梭在各大公司之间套磁、微笑变得职业化；面试，已经麻木到不需要思考就可以把自己的从业历史、重要掌故按照顺叙、倒叙、插叙或面试官要求的任何一种方式叙述得有声有色；递名片、收集名片，落落大方地在公开场合介绍自己，完全不会被听者的或惊讶或不屑的表情所影响；所有的这些蜕变都在潜移默化。整个过程缓慢又迅速，悄无声息地，在最初的焦虑和不自信过后，我们慢慢习惯；直到一天突然意识到自己的成长，在那种兴奋和成就感作用下，再苦再累，已浑然不觉。

在早春的四月给穷人盖房子

我在美国读商学院的时候，大部分时间都在疲于奔命地学习，为了奖学金，不敢有半分松懈，课外活动是能躲就躲。可是混在美国的"精英圈"，不阳春白雪地参加一次公益活动，我实在是无法说服自己，于是决定无论如何都要体验一下。

第二步：公司宣讲。投行的招聘会总是水泄不通的，但却是结识投行人士的必经之路。

第三步：一起坐坐。宣讲会过后，投行男会回到学校，邀请少数学生共进昂贵晚餐。

第五步：投递简历。简历写好，再配上求职信。但是投递之前，或许面试名单已内定。

第六步：面试。真正的最后考验。一轮、二轮、三轮、再加上在纽约总部的 super day，真的是过关斩将，九死一生。

我唯一参与的一项公益活动是"Build Goodness in April",翻译成中文叫作"在早春的四月盖善良的房子",内容就是帮助穷人修葺房屋。在我读书的美国小乡村,公寓楼是不存在的,别墅是居住标配,一户一块地,或大或小,上面盖一栋房子,一家人一起住在那里。我刚到美国的那几天,我的美国同学带我车览全村的时候就跟我介绍过,有钱人家盖石头房子,高高大大的,很是气派;中产阶级盖砖头房子,用小红砖块拼出来的样式各异的小屋,也是萌萌哒;穷人就多半是住木头房子了,美国树多,木材便宜,很多穷人的屋子都是买好木料自己动手搭建的。这样的木头房子不结实,需要定期修葺,对于一个基本就没有什么收入、勉强混口饭吃的家庭来说,这很可能是一大笔无法负担的开销,于是只好凑合继续住着,久而久之就有了美国电影里常见的那种残破不堪鬼屋一般的木头房子。

我们的BGIA活动,就是在镇上找到一个有维修房屋需要的穷人家,免费上门去给他们修房子。修葺所需的钱款和人工,主要由项目团队想办法解决,学校会提供一点点的资金支持。

我的美国同学们对这件事情非常热衷。从筹款规划到修葺方案,各种开会、各种海报、各种传单、各种电子邮件,那劲头绝不亚于中国疯狂的房地产中介和保险业务员。最重要的一次筹款是在班级内部举办的慈善拍卖。全班最帅的大帅哥慷慨出售一个跟他一整天的约会,包括在家中共享他亲手烹调的晚餐;有几位同学出售一起去海滩玩帆船的;有美女出售打扫房间的;还有艺术家出售画像服务的。两个小时下来,一共筹集了六千多美元。班上的几个中产阶级白人男性,平

当年同混香港投行圈的女战友，后来辞职回北京，在一家知名慈善基金做募资。主要工作就是向有钱的美国人推销中国的慈善项目。一次跟她吃饭聊起她的新工作，得到了上图中那个让我铭记一辈子的答案。在听到答案的那一刻，我的脑袋里浮现出了这样的假想场景：中产阶级吃饭聊天，互相说："我前阵子在北京买了个新房子，好得很，你也买吧。"一通吹；富豪阶级吃饭聊天，互相说："我前阵子在非洲国家给一批不幸天生艾滋病的穷孩子捐了款，资助他们食物和药品，你要捐吗？"一通吹。

时都是一张臭脸不说话的那种，这次也非常积极地去采购木板和工具，很卖力。

按照计划，我们要给一户人家翻修门前的楼梯和木板平台。约定的日子是一个星期天，我跟同学一行十几个人来到了之前联系好的人家。开门的是一个中年男人，胖胖的，很显老，身后躲着一个十几岁的很瘦很瘦的小女孩。男人见到我们并不热情，紧皱眉头，一脸的不信任。这间木头房子很小很旧，从打开的门缝里看去，只有几十平米，窗户也是合不拢的，没有窗帘。同学在跟他商量如何修房子。他讲英语的口音很重，我完全听不懂。

这天天气非常好，艳阳高照。来跟我们一起修房子的同学有前Banker美国白人帅哥，有来自纽约长岛富人区的娇小姐，还有像我这样自己的肚子也喂不饱的国际生。男生们清一色地穿着一件简单的T-shirt，完全不顾身上是不是被土弄脏了或者是沾上了油漆，钻到房子下面把发霉的烂木头拖出来；先打木桩再用新的木板把阳台搭起来，然后女士们集体拎着油漆桶刷油漆。

我们就这样忙了一整天，午餐只是一顿简单的麦当劳，没有休息，直到下午，所有人都精疲力尽了。房子有了新的木板小阳台，而且被刷上了一层白色的油漆。在这一整天里，房子的主人再也没有出现过，也没有像我想象中的那样笑盈盈地表扬我们或者给我们搬出一箱冰凉的汽水来犒劳我们。

05

只缘身在女神校

谈到留学，相信每个人心目中都有那么几所女神校。作为一个向往女神的申请人，你是否对心中挚爱足够了解？

不少学生听我这么一问就呵呵了。我曾有一个学生，是某名校的高才生，GMAT 770 分，自己还是国家级的棋类比赛冠军，平时的爱好是搞学术研究，不管什么事儿，都爱刨根究底，大学期间参与了不少科研项目，成果颇丰。有一次，我们相约做模拟面试。这位学生很激动地说："老师，我拿到了麻省理工大学的面试啦，这是我最爱的学校，我好希望能够被录取啊！"我说："好的，我们来练习吧，既然这是你最爱的学校，那么我想关于'你为什么选择我们学校？'这个问题你一定有很好的答案了吧。""啊！老师，其实我不太了解这个学校啦，还是您给我讲讲吧。"

起初我是真的理解不了为什么这位智商这么高且勤奋、爱钻研的姑娘，在对待自己女神校的时候竟会是如此粗心和大大咧咧的态度，更理解不了为什么有人可以如此盲目地去爱一个学校，就因为那是一所名校，就因为某一个排名。后来接触到越来越多这样的学生，我逐渐明白了，原来很多人在选校的时候都是很单纯地追求排名，学校的特质对他们来说根本不重要，名校就好。我跟他们焦急地说："你根本就不了解一个学校，怎么知道你喜欢、你适合啊？"他们跟我洒脱地说："老师，我根本不在乎啊！"理解到这一点的时候我也真的是气笑了，难道这些傻孩子们没想过，了解学校是成功申请的第一步？实际上，了解学校的重要意义不仅在于确定自己是否喜欢和愿意到这个学校来读书，更在于准确判断你会否被这个学校录取，并且帮助你在申请过程中做得更好，以提高录取概率。越了解一个学校，越知道学校的偏好，自然就越容易获得招生官的青睐。

一个胸有成竹的申请人，对自己女神校的了解应该达到何种程度呢？我要求我的学生们做到"三维调查"，"三维"即历史、招生、人文。所谓历史，指学校成长的历程，一个学校建校的历史往往在潜移默化中和不可改变的层面决定了她今天的面貌；所谓招生，指招生数据，就是去调查学校历年来都录取了些什么人，这些人是谁、有什么样的背景、在哪一年被录取了——不仅仅要了解个例，更要去查看和分析统计数据，大数据更有意义；人文，即学校里究竟是什么样的气氛，有些什么样的人。接下来提供七所学校的调查报告，供读者参考，看一看我认为合格的"了解学校"应该是怎样的。

06

普林斯顿大学：
老牌名校低调第一

要问中国人民心目中美国最好的大学有哪些，基本上会有这么几个答案：哈佛、耶鲁、斯坦福、麻省理工。这也反映了上述四个学校在国人心目中的知名度和美誉度。但实际上呢？如果拿出美国大学历年排行榜，看各个学校的综合上榜排名，你会惊讶地发现，在美国绝对第一的学校，原来是普林斯顿大学（Princeton University）。根据《美国新闻与世界报道》（一般我们更经常看到的称呼是 US News）发布的美国大学综合排名[7]，普林斯顿在过去七年（2012—2018年）中蝉联第一，哈佛则是在长居第二的情况下间或与之并列。耶鲁的确稳稳地站在第三，而斯坦福和麻省理工其实是在五、

---

[7] US News 每年发布的排名有很多个榜单，什么世界大学、美国本科、美国研究生等，笔者选取的是美国大学综合排名，即 Best College 排名。当然了，美国大学有各种排行榜，US News 是其中最被广泛认可的一个。

六、七区间稳定徘徊，倒是哥大一直稳居第四，而且小斯和小麻也根本不是所谓的"常青藤校"。

普林斯顿凭啥第一？在我第一次注意到小普家排名竟是常年如此坚挺的时候，也足有一分钟惊讶到不行，于是开始细扒学校的历史。像很多欧美名校一样，普林斯顿也是教会背景的学校。学校的校训是：Deī sub nūmine viget（拉丁文），翻译成中文是"让她以上帝的名义繁荣"，宗教意味跃然纸上。

普林斯顿历史悠久。它成立于1746年，是在美国革命前成立的九所殖民地学院之一，由曙光长老会创立，意在为教会培养长老。学校创立后经历了多次搬迁和更名，现在叫作普林斯顿大学。随着时间的推移，宗教势力和学校的管理层就学校的发展方向问题发生了分歧，长老们希望能有更多的神学培训，而教师与学生们的希望则恰恰相反。过多的神学培养会导致学生数量的减少，也会导致外界支持、捐款的减少，让学校逐渐走下坡路。矛盾冲突的结果是普林斯顿神学院（Princeton Theological Seminary）于1812年从普林斯顿大学分离。

普林斯顿大学成名的转折点是普林斯顿高等研究院（Institute for Advanced Study，简称IAS）的成立，虽然后者与前者之间只是亲密合作，从未有任何从属关系。

1930年，犹太百货商人路易斯·邦伯格、卡洛琳·邦伯格兄妹在伯拉罕·弗莱克斯纳的游说下捐资建立了普林斯顿高等研究院。弗莱克斯纳毕业于美国第一所研究性大学——约翰霍普金斯大学，他的理念是建立一个纯理论研究的柏拉图式的学院，研究院不授予学位，所有成员都是获得过博士学位的研究人员，除了著名的弗里曼·戴森。虽然研究院和大学之间并不存在互属关系，但是彼此的渊源极深。研究院开设初期是借用的是普林斯顿大学数学系的办公室，主要人员（如：冯·诺依曼、范布伦）也来自普林斯顿大学的数学系，

在欧美国家，和几乎全部的前英属殖民地国家，大量的优质教育资源都是被教会控制的。从小学到大学，有钱人给教会的捐款有相当的比例被用来筹办私校，这些有钱的私校硬件设施优良，师资力量雄厚，培养出许许多多优秀的人才。教会学校时常举办宗教相关的活动，让在校生从小就耳濡目染宗教，长大后成为宗教成员并为宗教出钱出力。

研究院的许多教授也同时兼任普林斯顿大学的教授。

普林斯顿研究院是美国第一所供学者们做研究的住宿学院。爱因斯坦就是研究院的第一批教授之一。由于二战爆发，无法返回德国，他移民美国并于此任教和从事科研工作。实际上，整个 20 世纪就是一个知名学者、研究人员和组织从世界各地流入普林斯顿的过程。曾在这里工作的大牛还有中国人民非常熟悉的杨振宁和李政道。战后，凭借普林斯顿研究院的顶尖教授资源，普林斯顿大学迅速成长为美国最知名的研究型大学之一。

普林斯顿大学原本并非一个顶尖牛校，近几十年来排名一路爆红的一个很重要的原因就是学校采取很积极的态度搭名人，校友里面出了不少名家，什么政治家、科学家、艺术家的，很多很多。录取著名家庭的孩子，就是普林斯顿大学秘不外宣的招生策略。

由于学校曾是宗教大学，其文化极为传统，讲究学生的出身，故普林斯顿大学在建校后相当长的一段时间里，一直以男性为主要培养对象，以中上层家庭子弟为主要学生群体；至今仍然偏爱白人男性学生，导致在校生男多女少，性别比例失衡。1945 年，普林斯顿大学招收了历史上第一个黑人学生，比哈佛大学晚了大约 50 年。而直到 1969 年，普林斯顿大学才开始录取女性本科学生。

普林斯顿大学录取的亚裔学生不多，商科研究生（金融硕士[8]）一年仅在中国大陆招生 1~2 人，竞争之惨烈可想而知。所以，申请普林斯顿大学的同学，最好是根红苗正的全优生，并且有秒杀级的实习经验。最后，大概是出于平衡全校学生性别和背景的考虑，普林斯顿大学也不能免俗[9]地青睐亚裔女性。

---

[8] 普林斯顿大学没有商学院，金融硕士专业设立在 Bendheim Center for Finance。
[9] 名校青睐亚裔女性几乎成为一种风尚。

07

哈佛大学：
实至名归 王者风范

哈佛大学（Harvard University）是美国最古老的学校之一，在全世界的任何角落都享有盛誉。

1607 年，第一批被英王詹姆斯授予开拓北美殖民地特权的英国人，带着到新大陆发大财的梦想，冒着随时可能死去的风险，远渡重洋，来到美国。他们从现在的美国弗吉尼亚州登陆，踏上了这片在当时尚不广为人知的肥沃处女地，并在这里建立起了第一个殖民地。这群英国人在美洲大陆安下家，经过与土著的开战、辛勤的垦荒和耕种，渐渐地，土地有了，房子有了，粮食有了，美丽的衣服有了，一切都比英国老家（当时还是世界上最强大、最先进的日不落帝国哦！）有过之而无不及。最后，获得了富足物质的人们开始追求精神的进步，他们希望自己的子孙后代能够享受到英国本土质量的高等教育。受此理想的感召，1636年，一批曾在牛津大学和剑桥大学受过古典式高等教育的清教徒在波士顿地区建立了美国第一所高等学府，时称"剑桥学院"，当地也因此被命名为剑桥城，即是向远在大洋彼岸的剑桥大学致敬[10]。

哈佛大学最初的建立者和捐助者们，曾是英国的当权贵族，因为不得志而来到美国，希望通过在新大陆的冒险闯出一片属于自己的天地。很自然，他们把自己看成新国家的创立者，美国的领导者；在这所他们为继承人们创办的学校里，学生不会将管理好一个企业或者创业作为毕生职业，也不会被灌输获得商业成功和赚大钱就是好的价值观，而是获得最好的关于领导力的培养，开阔眼界和胸怀，时刻准备着成为国家的领袖。实际上到目前为止，哈佛大学的校友圈子拥有数量最多的美国总统和政要，没有任何一所大学可以与之比肩。因为培养了大量的成功政客和企业家，这所大学无论在哪里受到的都是太上皇般的礼遇。

无论排名多少，哈佛大学是许多人心目中的世界第一学府。作为老大，学校在各个方面都显得非常霸气。学校拥有数额庞大的校友捐赠基金，数不清的知名教授，豪华的校园设施，甚至有一份在出版界享有学霸声誉的杂志《哈佛商业评论》（Harvard Business Review，简称HBR）。

哈佛大学只录取全优生，只要智力、体能、创造力都突出的人。哈佛大学招生官的眼睛都是长在头顶上的：什么样的优秀学生我们没见过啊？满分申请人我们一大把！因为自信于自己的招牌和资源，这所大学也最敢于破格录取背景特别的学生，比如奥运比赛冠军、电影演员、难民，等等。学校相信，学生只要到我这里读书，毕业就能成功。学校的学术要求也很严谨，学生的

---

[10] 由此细节也可看出，在英国，剑桥是比牛津地位更高的大学。

毕业率仅有85%——也就是说，15%的同学读着读着书就不见了。虽然其中不乏有人是因为公司等着要上市，没办法，不退学实在无法兼顾，但因为成绩不好被迫退学的人也不在少数。

哈佛大学商学院只提供MBA学位课程和EMBA培训课程，没有商科研究生专业。本科毕业生或者工作经验较短的申请人通常会申请哈佛肯尼迪学院的项目。成功的申请人自然是成绩很好的，也多半会有一至几年的工作经验。

08

哥伦比亚大学：
专注名校教育产品

哥伦比亚大学（Columbia University），杠杠的藤校，百花齐放，名人辈出，知名校友灿若繁星，数也数不过来。比如大家都知道并且敬爱的巴菲特老爷爷，比如徐志摩、李政道、谭盾，比如著名主持人杨澜。哥大还有几个关联的学院，入学要求均低于正统哥大院系，毕业时也获发哥大文凭，可谓名校头衔深度沉迷者的低竞争入场机会。

哥伦比亚大学的历史可以追溯至1754年。当时，英国人仍然统治着美洲大陆。他们从荷兰人手中接管了纽约港之后，逐渐将其发展成为美洲大陆上最重要的贸易港口之一。纽约城的商业日渐发达，人口也密集起来。看到了这种趋势，刘易斯·莫里斯上校（Colonel Lewis Morris）向英国政府呼吁在纽约创办一所高等学府。这完全符合英国人的一贯作风，就算是在殖民地，教育也一定是最重要的。于是，英国人在纽约州建立了这里的第一所大学——哥伦比亚大学。就是这样，哥伦比亚大学建校伊始，就和纽约这座城市羁绊在一起，千秋万代，永不分离。

哥伦比亚大学坐落在繁华的纽约城市中心，而今看来绝对是宇宙中心最贵的地理位置。围观群众不免惊叹，在这么贵的地皮上盖一所大学，大手笔啊，啧啧啧。而放眼历史，建造初期，哥大的校址也算是偏远的郊区。哥大其实是在这座城市逐渐崛起的近300年的历史过程当中，一路陪伴，共同发展的。是纽约培养了这所世界级知名学府，也是这所顶尖学府和其培养的人才成就了今天的纽约。

身在纽约，哥大从成立的第一天起就注定成为一所世界名校。像其他顶尖学府一样，哥大大量出产诺贝尔奖得主、总统和富豪。值得一提的是，哥大的校友当中还包括29位奥斯卡奖获得者，这一殊荣完美地体现了纽约独特的艺术氛围。身在哥大，学生们与纽约的繁华和名企的工作机会仅有一步之遥。大量的校友毕业后也选择居住在纽约，职场人脉网络触手可及。在名人云集的纽约，去哥大讲课或者做讲座绝对是上流社会的时尚和炫耀，于是学生们就可以常常在校园里和课堂上见到那些传说一样的大腕和大牛。总之，哥大一直以来都是纽约的一部分，地缘优势非常明显。如果你爱纽约，那你就来哥大；如果你不爱纽约，那哥大或许真的不适合你。

作为一所藤校，哥大的捐赠基金规模却并不惊人。一直被纽约的商业氛围所熏陶着的哥大，办学理念非常商业化，更多地把自己定位为一个顶尖教育的提供者，一个教育机构，一个商业机构。所以在其发展的历程当中，学校并不主要依赖校友捐助，而是积极开发高质量的教育产品，通过赚取高额学费维持运转、盈利和发展。这也就是说，去读哥大，学费很贵，奖学金却不多。

正如纽约的喧嚣和包容，哥大喜欢的申请人除了学术和背景优秀以外，也一定是外向、擅长社交以及生活时尚的。如果申请人除了是一个好学生，还是一个有潜力的演员、一个艺术家或者有特殊的商业背景，那他被哥大录取的概率也会大大增加。

09

斯坦福大学:
异军突起的年轻私校

相对于它的名气而言,斯坦福是一个很年轻的学校。与其说它是最顶尖的名校,倒不如说它是最挑剔的名校。长期维持的超低录取率,让有幸入读的学生们无比自豪:我是打败了多少竞争对手才被斯坦福大学录取的啊!我真棒!

斯坦福大学(Stanford University)坐落在美国西海岸的帕拉阿图市(Palo Alto)。这是一个美丽的海滨城市,位于旧金山南边约35英里处,有6万余居民,气候干爽,景色宜人。关于这所学校的建立和成名,有一个充满爱和冒险的跌宕起伏的故事。

斯坦福大学是由时任加州州长及参议员的铁路大亨利兰·斯坦福及他的妻子简·莱思罗普·斯坦福于1891年共同创立的。夫妇二人创建这所学校是为了纪念他们于16岁生日前夕（1884年）因伤寒去世的儿子小利兰·斯坦福。学校于1885年开始筹建，于1891年10月1日举办首届开学典礼。斯坦福夫妇将自己的8000多英亩用来培育优种赛马的农场捐作校园，并捐赠了大笔财产——有的说是500万美元，有的说是2000万美元，反正就是很多很多钱。学校成立的年代，正是美国的西进运动如火如荼的年代。当时的美国西部，是一片一望无际的沙漠荒原，人烟稀少，居民受教育程度不高。曾有人预言，这所开办在沙漠中心的大学将会无人问津。实际上，在学校开办后的长达半个世纪当中，都是挣扎维持、默默无闻。在学校刚刚开办之际，斯坦福先生就不幸猝死，斯坦福夫人一人在财产被冻结的情况下依旧倾其所有，坚持捐赠，才让学校活了下来。那一时期，同在旧金山的加州大学伯克利分校已成为远近闻名的名校了，而斯坦福大学却由于建立在一片曾经是培养种马的农场上仍旧被人戏称为"农场大学"。

斯坦福大学的命运意外实现大逆转得感谢一个关键人物，弗雷德里克·特曼（Frederick Terman），时任大学工程学院的院长。1959年，这位颇具远见的院长提出将一千英亩土地以极低廉、只具象征性的地租，长期租给工商业界或毕业校友设立公司，再由他们与学校合作，提供各种研究项目和学生实习机会。由此开始，美国的高科技产业逐步在这里聚集，并最终造就了世界科技重镇"硅谷"。这历史性的决定，奠定了硅谷的基础，他本人也因此被尊称为"硅谷之父"。随着硅谷创业公司的异军突起，斯坦福大学的格局被彻底改变。作为美国，很可能也是世界上，首家在校园内成立工业园区的大学，斯坦福迅速成为高科技、创业、前沿、革命的代名词，稳健步入世界顶尖大学的行列。

了解了斯坦福大学的发展历程，就不难理解为什么学校如此推崇创业与创新，为什么特别偏爱有创业潜质的学生。我相信，要申请斯坦福，不了解

哈佛大学的主流形象是西装革履、精英范儿，无论何时都光鲜出场；而一个典型的斯坦福大学的学生则是T恤衫加人字拖，懒得在打扮自己身上多花费一秒钟的时间，直接低头做事。

这些历史，就无法写出打动招生委员会的申请文书。

学校商学院下设有一个 MBA 项目，主要招收工作经验 2~6 年的申请人；近些年开办了新的一年制金融硕士的项目，招收工作经验八年以上的申请人。因为斯坦福商学院规模小、名额少，申请竞争激烈，因而成为美国最难入读的商学院。成功的申请人不仅要背景好、分数高，还要非常幸运。斯坦福商学院可供本科毕业生申请的项目是 MBA 的 2+2 项目。

2012 年 3 月 21 日，由斯坦福大学投资 700 万美元兴建的北京大学斯坦福中心正式揭牌。学校配备了专职人员，负责拓展中国市场以及在中国进一步提升学校声誉。

10

杜克大学：
名校新秀

杜克大学（Duke University）的前身是始建于 1838 年的布朗学院。学校早期的领导是卫理公会派信徒和教友派信徒，为了争取教会的经济支持，学校为卫理公会派信徒提供免费教育。1859 年，学校改名为"三一学院"，将 "Eruditio et Religio" 定为校训，翻译成中文就是"知识和信仰"。

所谓三一学院，历史渊源极深。世界上最早、最有名的三一学院是剑桥大学的三一学院，英文名字是"Trinity College"，由英国国王亨利八世于 1546 年建立。该学院一直以来都是剑桥大学中规模最大、财力最雄厚、名声最响亮的学院之一，拥有数也数不清的知名校友，比如牛顿、培根、拜伦，光是诺贝尔奖得主就有 32 位。

Trinity 是一个宗教用语，直译过来就是"三位一体"，意指圣父、圣子、圣灵，是三位一体的神。它是基督教的一个教派用来表达自己信仰的代表性词语。在基督教世界和英语世界中，有很多以三一来命名的教堂、广场、学校，代表着其宗教教派的归属。所以，杜克大学拥有浓厚的宗教背景，并且隶属于三一教派。

在 19 世纪末、20 世纪初，当时的校长 John F. Kilgo 成功游说了烟草大亨杜克家族为学校捐款。不难想象，这杜克一家子自然也都是卫理公会派的教徒。杜克家族的捐助持续了数十年，捐助物包括一个校区的土地（即杜克大学如今的东校区）和累计数千万美元的资金。为了纪念杜克家族的捐助，学校更名为杜克大学。

而今的杜克大学，在全美高校排名中长期位居前十，财力雄厚，截止到 2015 年，学校的捐赠基金规模超过 70 亿美元。校友中名人众多，最为出名的一位可能要数比尔·盖茨的太太梅琳达·盖茨啦。

杜克大学富卡商学院（The Fuqua School of Business）设有 MBA 项目和管理学硕士项目，招生十分挑剔。虽然建立时间不长，但依靠杜克大学的强力支持，富卡商学院已拥有和哈佛商学院、芝加哥大学布斯商学院等商学院媲美的实力。学院一般招收拥有五年以上工作经验的学生，对申请人的成绩要求也很高。

学校致力于快速发展，积极推进国际化。杜克大学上海昆山校区于 2014 年正式落成招生，读杜克也可以不需要到美国去啦。未来，杜克大学依然会坚持走扩大招生、扩大影响力、持续发展的路线，进入杜克大学读书很可能会变得越来越容易。

11

约翰·霍普金斯大学：
中国申请人的名校捷径

约翰·霍普金斯大学（The Johns Hopkins University），2016年 US News 排名第十，并且常年保持着这样的排名，非常稳定。

约翰·霍普金斯大学创建于 1876 年 1 月 22 日，遵照银行家约翰·霍普金斯的遗嘱，由其遗产捐建。实际上，这位捐款人的名字是 Johns Hopkins，也就是约翰斯·霍普金斯，只是被中国人习惯性地翻译为约翰。而且，正因为这个名字不常见，就连美国人也常会误写作 John Hopkins University，真是替捐款人觉得好委屈。

该大学是美国第一所研究型大学，也是西半球第一所研究型大学。研究实力强悍的表现之一是天文数字的科研开支和所获得的巨额科研经费。根据美国自然科学基金会（NSF）的统计，霍普金斯大学在科学、医学和工程学的研究开支连续三十年位列全球第一。而过去的数十年中,美国政府和各种科研机构给约翰·霍普金斯大学的科研拨款累计超过十五亿美元。

钱花在哪里哪里出成绩。在巨额经费的支持下,约翰·霍普金斯大学出产了大量的科研成果,并培养出了36位诺贝尔奖获得者。

近年来,约翰·霍普金斯大学致力于开发中国市场,到了什么程度呢?去年我在教育展上跟学校的招生代表打招呼,对方居然是中国留学生出身,说着一口比英文更流利的中文,一口气拿出了差不多十个研究生项目,问我对哪个最感兴趣,末了还告诉我,他们还有一些项目也招中国学生,只不过他没带宣传页。真是一万个不理解,像这样一个顶尖牛校为何要将自己打造成一所中国学生研究生项目大水校。

说到这件事,我很想给约翰·霍普金斯大学的各种研究生项目正正名。我的不少学生一听到这个名字就避而远之,似乎是在申请一个多么不堪的学校,有人甚至是宁愿去一个排名远在三十甚至是五十开外的学校,也不愿意申请他们家。关于这一点,我真的想吐槽,中国申请人首先是排名控,其次是稀缺控,选校的时候挑名气、挑城市、挑中国人多不多,但却极少去思考自己的职业发展路径是什么、要达到什么目的、为了达到目的如何选择一个最适合自己的学校,仿佛这是选校中最最不重要的问题。大部分人都把读研究生做成面子工程,反倒是在美国读了本科的同学在选校的的时候更实际,会选择"最有价值"的项目。约翰·霍普金斯真正无愧于名校捷径这个评价:花钱不多,分数不高,却可以入读蜚声世界的顶尖名校,我觉得很值得啊!因为申请起来并不困难,非该校不去的学生甚至可以尝试DIY,申请不到的风险很低,真可谓价值洼地。

12

圣母大学：
美国人民的老牌牛校

圣母大学在中国简直没有什么名气可言，不少远离西方世界宗教氛围的无神论男青年往往会觉得这个名字自带谜之尴尬。然而在美国，圣母大学可是一个能让诸多名校控颤抖的本科牛校。圣母大学的英文名是"University of Notre Dame"，其中 Notre Dame 是法语"圣母"的意思，著名的巴黎圣母院（Notre-Dame de Paris）用的就是这个词。所以你看，人家的校名里明明就有历史感足足的法国元素，并不是又娘又土。

圣母大学坐落于美国印第安纳州，始建于 1842 年。学校成立之初只有小学和初中，并且是个男校，后来才拿到大学牌照并逐渐开始招收女生。圣母大学，听名字就知道是天主教背景的大学（懂宗教的同学都知道，巴黎圣母院是天主教教堂嘛），那自然是保守和严谨的——也就是说白人多呗，做事老派呗。圣母大学在办学初期主要招收天主教徒或爱尔兰人,国际学生一向很少,也不怎么重视国际发展这种事。同时,作为高等级的教会学校,也有超级有钱的金主,圣母大学捐赠基金的规模大概有100多亿美元。最后,像所有地处小城市的天主教背景大学一样,圣母的氛围是团结而祥和的:教授人好、同学人好,本地居民都善良得不得了。学校偏重本科教育,所以研究生院的排名和名气都略逊。

圣母大学的综合排名常年稳坐全美前二十,在美国民众心目中是仅次于"哈耶福"等顶尖藤校的本科大学。是不是很厉害?如此一个没有惊人身世背景、看似萌萌哒、人畜无害的教会私立学校是如何在激烈竞争中艳压群芳、跻身美国顶尖名校之列的?圣母大学的秘密就是橄榄球(American Football)。

1918年,圣母大学为振兴校橄榄球队,战斗的爱尔兰人(Fighting Irish),重金聘请了一位牛闪闪的教练——挪威移民Knute Kenneth Rockne先生。此先生被誉为美国历史上最厉害的大学橄榄球教练,没有之一,位列高校橄榄球名人堂。在这位Knute先生挂帅"战斗的爱尔兰人"的整个20世纪20到30年代,这支球队在各种赛事中屡屡夺冠,可谓出尽了风头。谁会不喜欢一个带着浓重宗教和民族情结的不断赢球的冠军之队呢?那些年,最能让美国橄榄球迷们沸腾的日子莫过于圣母大学和西点军校对战的日子。就这样,借助风靡美国的橄榄球运动,圣母大学的名字时常与西点军校这个超越藤校的神之存在一同被人提及,并被相互比较,真的是想不出名也难。

虽然圣母大学招收的中国学生不多,但是人家有钱啊,随着录取信而来的往往还有诚意足足的美刀。而且校园风光好,设施豪华,建筑精细而美丽。要说不足,或是说这所大学对中国申请人而言略诡异的地方,就是在这个具有宗教背景的大学读书就一定要学习哲学和神学课程。哲学课中国也有，不解释；而神学课，是有神论国家的专利，中国人民基本不太熟悉，在这里稍作说明：这类课程主要讲授以神为主角演绎的历史，外加文学、地理、心理学和音乐等的奇特大杂烩。学神学最头疼的可能是写论文——作业是论文，考试也是论文——面对一堆用中文也未必能理解的词汇，英语本就不算好的国际学生实在要抓破头皮了。不过学神学课也有好处，那就是能被迫有效提升英文水平，如毕业留美工作，应聘的时候会有语言优势。圣母大学的毕业生留美找工作还是有品牌和校友圈子优势的，但要回国当海归那就当真是差点意思了，建议坚持本土发展策略的申请人请慎重选择。

作为中国申请人，如果计划通过留学完成移民大业并留美工作的，圣母绝对是强烈推荐的申请目标。财大气粗、容易申请，留美工作也不难，真是怎么算都划算！

我提交申请，我焦虑等待，我害怕我深爱的名校将我嫌弃。于是，我忍不住窥看招生办运作的神秘黑匣子。就算死，也要死个明白。

第三章

名校录取
黑匣子

名校这么好,谁能进得了?

俗话说得好,申请外国名校的第一步是充分了解游戏规则。作为一名曾经混迹咨询公司和投行的技术型宅女、笃信数据和逻辑推导结论的申请咨询师,我患有严重的职业病,非常热衷于研究学校是如何做出录取决策的,特别是那些最挑剔的名校。

解读名校录取黑匣子,其乐无穷。

01

没有规则的游戏

外国学校的录取决策过程究竟是怎样的?外媒这样评价:(招生决策流程)被学校的招生办蓄意神秘化。理解这个过程是如此之难,难倒了无数勤劳、勇敢、聪明的中国人,这实在不奇怪。在我们国内,从公元605年科举制度首次出现至今,经过1400多年的不断发展、演变,到如今的高考制度,我们老百姓血液里都流淌着"学而优则仕,考而优则名校"的基因,已经太习惯将考试成绩作为一个学生优秀与否的唯一衡量标准。

对于如此单纯的国人来说,外国大学的申请方式实在太复杂,需要提交的材料也实在太多,包括但不限于出国考试成绩、成绩单、个人简历、申请文书、推荐信等,很多名校还要求申请人参加面试。如果你去问学校,那么多申请材料,你们最

中国学生对高考的情感很复杂，说爱恨交织也不为过，但不管怎么说，高考还是目前国内选拔人才比较公平的制度之一。

看重什么呢？大约会得到这样的回答："我们综合考虑所有的因素。"或是这样的回答："Oh, it depends." 于是中国申请人就懵圈了，深受考分至上思维的影响，他们往往心有不甘地追问到底：这么多申请材料学校怎么看？他们在评估中各自占有怎样的比重？录取的关键何在？恨不能倒推出一套计分公式。

真实答案令人抓狂：不是学校跟申请人打太极，故作神秘，而是这事根本就没有什么统一的标准：各个国家不同，各个学校不同，同一个学校不同的年份不同，每位招生官的想法也不同。在大部分欧美国家的大学里面，录取委员会是录取事宜的最高决策机构，依照三权分立精神，他们独立运行，基本不会受到其他势力太多影响。他们做决定的过程是一个黑匣子，不足为外人道也。

自 2003 年起，ChaseDream 网站就开始为海外大学商学院做品牌宣传，帮助他们提高在华知名度，扩大招生，可谓与学校同发展、共命运。而供职于 ChaseDream 网站的 Sonia 老师（即本书作者）最重要的日常工作之一就是跟世界各地大学的招生官们交朋友，包括牛津大学、巴黎高等商学院、斯坦福大学、芝加哥大学、麻省理工学院、哥伦比亚大学、杜克大学、康奈尔大学、弗吉尼亚大学、密歇根大学、范德堡大学、香港科技大学、新加坡国立大学等。一有机会，我就会向我的这些招生官朋友们讨（Ba）教（Gua）关于招生委员会如何做出录取决策的问题。当然了，他们都是专业人士，他们中的大多数都会很熟练地用外交辞令来搪塞我的问题，剩余的那部分人会坦诚地跟我分享一些如何提高申请成功概率的实用信息，但同时也会很认真地反复强调，招生办里面真的没有什么秘密，大部分时候，他们就是综合考虑每个申请人所有的条件，择优录取。

[11] 这是美国媒体报道的对招生办工作人员的采访记录，原文看上去简直像一个笑话："One night, I got food poisoning at a restaurant in Buffalo. The next day, I rejected all the Buffalo applications."

中国申请人总爱拿自己的逻辑去理解国外招生官在想什么，结果自然是常常错位的。

与此同时，我一直在指导中国学生申请世界顶尖大学的本科和商科相关的研究生，观察和总结他们在申请过程中每一个细节的成败，以此来不断验证我对名校录取游戏规则的理解。逐渐地，我总结出一些关于名校录取的简单却很有趣的规律[12]。

---

[12] 自然科学、理工科学类的研究生申请，及本科申请的游戏规则与商科研究生不同，请勿跨界借鉴。

02

成绩不好是万万不能的

申请商科研究生的基本条件是参加研究生入学考试（即 GMAT 或者 GRE 考试）和语言类考试（包括托福或者雅思考试），并获得一定的分数。这一条中国人一说就懂：成绩很重要。

多少分够用？如果你问学校："你们对申请人的考试成绩作何要求？"翻译成更加朴实的中文就是：你们学校的录取分数线是多少啊？学校的回答很可能是这样的："请参考我们网站发布的录取统计数据。去年我们录取的学生的 GMAT 分数中位数是 700，从 630 分到 760 分的都有。"还有这样的回答："我们要求托福至少达到 100 分才能申请。"于是乎，就有很多学生拿着学校这样的回答揪住我追问："老师你看，学校自己都说了，630 分是可能被录取的，您怎么看？"我看那肯定是不够的啊！学校的这个 630 分可是全校最低分，很可能只有一个人。以这么低的分数获得录取，往往意味着这个申请人其他方面异常优秀或者与众不同，有可能这个人是总统的外甥，或者是奥运会金牌得主，或者是阿拉伯的石油王子。如果你有类似的硬背景的话，630分也可以申请试试。也有人会这么问："老师，您看学校的平均分数差不多是700分，那您说是不是我考到700分就可以无压力地申请这个学校了呢？"我说那肯定不太可能啊！全世界都知道中国和印度考生成绩偏高。查看GMAC的官网，可以看到，中国考生的GMAT平均成绩比美国人的高出30分，这还是目前的数据，距离很可能持续拉大中。所以，如果某校录取学生的平均分是700分，那么至少再加30分就是该校录取中国学生的平均分啦。注意，是平均分。如果你用平均分去申请，还希望稳稳地获得录取，那你的其他条件则必须超过平均水平。最后，还有人会这样问："那老师，是不是我的托福考到100分就够啦？"学校都声明了，100分是最低录取分数线。事实上是，只要是名校，录取学生的托福平均分就比最低分数线高，而且还不是略高。只是校方一定不会发布太激进的数据，以免影响总申请人数或者自己破格录取学生的权力。

在招生官的眼里，关注申请人的出国考试成绩至少出于两个目的。

首先，评估一个学生的学习能力。无论是GRE还是GMAT考试，都是全球标准统一的学习能力测试。很多学校的招生官都表示，他们相信GMAT考试成绩的高低跟学生的学习能力、逻辑思维能力成正比。不少招生官分享说，他们所观察到的学生入校之后在学业方面的表现跟出国考试成绩预测的结果很接近。此外，标准化出国考试的成绩也可以解决由于不同大学采取不同的GPA计分标准导致的横向对比不同申请人的学习能力难的问题。

其次，但实际上可能是"首先"，学生入校成绩与学校排名直接相关。每一个学校都希望招收那种"最完美的申请人"：分数高、背景好、性格棒棒哒。但这种学生毕竟只是少数，而且基本上都被顶尖大学包揽了。绝大多数学校都必须在自己有限的申请人池中平衡得失、择优录取。在这个权衡和放弃的过程中，有的学校选择录取全面发展的平衡型人才，于是综合考虑本科、分数、课外活动和实习等情况；有的学校为了在短时间内迅速提升排名，则会优先录取 GMAT 成绩惊人的学生，并为此提供丰厚的奖学金；而还有的学校则更看重毕业生的就业数据，会着重评估申请人申请文书的质量和面试的表现。

总之，名校都是分数控，成绩不佳基本等同于与名校无缘；当然，仅凭好成绩同样难以获得名校的青睐。出国考试高分往往是志在名校的申请人用来提升自信心的安慰剂，是学校默认的所有中国申请人都具备的条件，但并不是保证录取的安全绳；高分是进入名校的必要条件，而不是充分条件。

03

推荐人还是推荐信

几乎每个外国学校都会要求申请人提供学校老师、实习或者工作公司的领导或者合作伙伴的推荐信。学校的官方网站对此往往作如下解释：请让那些最了解你的人来撰写推荐信，我们希望通过第三人的视角全面了解申请人。

从推荐信中，招生官第一想要看到的是跟申请人一起工作的人如何评价他；第二想要看看这些推荐人是否给了申请人不吝言辞的好评，是否在推荐信上下了足够的功夫，抑或是草草了事——三行结束的推荐信无异于申请地雷；第三想要评估申请人是否适合这所学校、这个项目；第四想要看看申请人在跟什么样的人一起学习、工作，是不是那些大师和大牛们？所以推荐信内容翔实、例子生动、写得情真意切有加分；推荐人了解学校和项目有加分；与学校有关的推荐人，特别是校董、校领导和知名校友，写的推荐信则是大大地有加分。

中国学生的推荐信常常字数够多、够气势，读起来大费力气，可惜华丽辞藻太多，实质内容太少，常常令招生官越看越气，真想按照申请人提交材料的总字数收取申请费。大家可能会有这样的经历，如果你找一个美国人或者英国人给你写推荐信，不论是申请学校还是求职，那人多半会对这事非常较真。他会花大把时间琢磨信的内容，每个措辞都力求准确客观，不会夸大事实，甚至会揭露缺点。因为他们要求自己对信上所说的每一句话负责。而中国人部分出于面子考虑，同时也是希望自己的下属、朋友事业有成，还有其他一些我也说不清楚的原因，习惯于把推荐信写得热情洋溢，把被推荐人夸成万中无一的稀世珍宝。更常见的情况是推荐人让申请人代笔拟好推荐信，自己只负责签名。如此明显的文化差异自然瞒不过有经验的外国大学招生官，他们看到的大部分中国申请人的推荐信都充满了假、大、空的套话和不切实际的溢美之词，内容雷同，缺乏诚意；这样的推荐信不仅很难为申请人加分，弄不好还会减分。在这样的大背景下，中国学生所找的推荐人的头衔和社会地位就成为评价推荐信分量的一个重要指标。

有传闻说，名人或者校董的推荐信等于录取通知书，名门望族的小孩，只要署上自家的姓氏去申请大学，就有名校愿意录取。这种传闻100%属实。我的一个熟人曾供职于中欧商学院，可以方便地接触到国内顶尖的大牛和大师。她在申请外国名校的时候，就请了一位非常有地位的人物为自己写推荐信，结果顺利收获了美国某排名三甲商学院的录取通知书。我有一些颇有背景的学生，能找到像唐英年、梁锦松、胡祖六这样的人为自己写推荐信，申请的结果都非常好。当然，也是由于这些申请人本身就具有优秀的背景，才能有机会与这样的名人一起工作。在美国，不少名校都会密切关注社会名流或者学校的长期捐款人家族孩子们的年龄和升学时间，一旦收到来自"白名单"的申请，一定会特别处理。

04

神秘的申请文书

要求提交申请文书（Essay），并且把它看作评价一个学生之潜力的关键材料，这大概是中外大学录取体系的最大区别了。特别是商科申请，申请文书几乎是神一样的存在！关于申请文书的传说是这样的："写几篇好文章就能进入世界顶尖大学，并由此改变人生。"这是真的吗？申请文书可以非常重要，也可以非常不重要。对，还是那句"综合考虑"。

招生官将申请文书视为一个学生的迷你自传。出色的文书带着申请人的性格、世界观和价值观，鲜活如电影。比起干巴巴的成绩和简历，申请文书是彩色的、饱含情感的。

招生官期待从申请文书中看到什么？首先一定不是申请人的个人履历。最常见的无脑文书就是把简历里面的字一行一行地拉出来，加上时间、地点和人物，做个扩写，塞进去几个拼写复杂的形容词，弄得很生动。这种做法简直就是在浪费申请文书这个最重要的自我展示机会，是一个方向性的错误。招生官希望从申请文书中找到这样一个问题的答案："你是谁？"这个问题没有标准答案，它是你人生的方方面面，包括你的价值观、性格、爱好、过去的经历、家庭、人生目标，一切的一切。一篇好的申请文书应该真正做到文如其人，见字如面。

招生官为什么要关心"你是谁"？第一，学校，特别是名校，都希望保持自己的风格，希望录取的学生都具备学校在寻找的某种气质，或者张扬，或者低调，或者学识渊博，或者文采飞扬。总之，每个学校都有自己的招生偏好。第二，学校相信性格决定命运，一个人的性格特点将决定他是否具备实现伟大人生目标的潜质——哦，当然，也要有一个伟大的目标先。"你是谁"是决定职场成败的重要因素，比如要做 CEO 的人，应该成熟、淡定、有胸怀；想自己创业的人，就要敢拼、敢闯、有激情。

再往深了说，对于"你是谁"这个问题的重视，根植于西方社会的教育理念和文化背景。欧美社会尊重和强调一个人的个性与自由，教育界普遍不认同通过考试成绩部分反映出来的一个人的智商高低是判断他未来能否成功的全部标准。学校相信，一个有潜质的年轻人，不仅应该是有文化知识、有智慧的，更应该是有理想、有追求的，应该有着正确的自我认知，并从小为自己的未来做好清晰规划。在美国，民众受美国梦精神的影响，崇拜个人英雄主义，相信信念的力量，相信每个人终生都在被自己的"内在动力"所驱动，相信这种动力的强弱将会决定一个人在成功的道路上可以走多远。几乎所有的美国经典电影中所刻画的成功者的形象都符合这种主流价值观，比如《阿甘正传》，比如《肖声克的救赎》，比如《我的名字叫可汗》，比如《当幸福来敲门》。这些电影里的主人公有着非常明显的共同特征，即他们无论身处何种行业，无论聪明或愚钝，无论出身高贵或卑微，都具有一颗强大的内心，坚持自己的信念与追求，并最终通过不懈的努力实现了人生飞跃。

很多申请人对申请文书的语法、拼写、语言优美等问题斤斤计较，一定要找老外润色，甚至认为语法错误、拼写错误会让他们与名校失之交臂。实则不然。拼写错误固然是印象负分，但绝不至于成为被拒的理由；至于语法，招生官如果看到国际学生的申请文书语法完美、用词地道，第一个反应很可能不是"哇好棒"，而是"哇代笔"。

不同学校对于申请文书的权重也不尽相同。有的学校更重视学生的硬背景，强调成绩；有的学校则是一白遮百丑，好文书等同于录取信。比如众所周知的最难申请（没有之一）的牛校斯坦福，就属于申请文书定胜负的学校。然而凡申请事无绝对，即便是斯坦福，也在官网上贴出了这样的话："We constantly remind ourselves to focus on the applicant rather than the application. This means that we will admit you despite your application essays if we feel we've gotten a good sense of you overall. Yes, the essays are important. But they are neither our only avenue of understanding you nor are they disproportionately influential in the admission process."[13] 我理解不少读者看到大段英文就会直接脸盲跳过，所以本书中的英文引文一律贴心翻译成简单易读的中文，译文如下："我们真正看重的是申请人而不是申请文书，也就是说，只要我们认为你足够优秀，我们就会录取你，申请文书不够好也没关系。的确，申请文书很重要。但它们并非我们了解申请人的唯一方式，更不应不恰当地影响录取。"得，正反话都让你们说尽了，里外有理！

一般来说，越是排名靠前的学校，就越重视申请文书。或者说，被顶尖牛校录取的申请人，多半有出众的申请文书。凡申请牛校的，都是有两把刷子的，首先大家出身多少都是知名高中、知名本科，GPA和考试成绩相差无多，各自也有出彩的实习经历，不缺耀眼的名企背书，课外活动经历也都不平庸，不是什么竞赛获奖者，就是什么业余的演员模特或者艺术家。招生官看到各种牛分、各种闪背景已然麻木，反而是读到一篇感人肺腑的申请文书，会触动心弦，对其作者产生偏爱，从而录取。这就是为什么某些申请人仅仅因为写好了一篇文章就有可能一路绿灯地实现入读名校的梦想。

---

[13] 原文现已被撤下，本书最后列出了原文供读者参考。

05

悲剧多半在面试

如今的名校,越来越重视国际学生的面试;纵使太平洋的海水和十二个小时的时差,也不能阻止校方不惜时间、不惜重金、不辞旅途劳顿,尽力安排到中国来面试这里的申请人。不少学校为了提高工作效率,面试更多的学生,更上线了视频面试、录像面试等高科技,为的是给每位申请人提供一个跟学校"面对面"的机会。于是,各大名校给出的面试机会越来越多,而面试录取率则越来越低。

我的不少学生曾充满哀怨地对我说:"老师,你说我拿到了那么多个学校的面试,为什么最后一个录取都没有呢?"我摇头,什么话,难道面试是抽签撞大运吗?抽十次就要中一次?这是正经的拼实力好嘛!实力不到,面试一百次也不会被录取啊。一堆面试却一个录取也没有的情况经常发生,而且会越来越多地发生。要知道,对于牛校来说,真正的竞争就在面试环节。

有很多招生官都表示，中国申请人实在奇怪，看托福成绩都是100分以上，高高的，一面试却像在背书一样，用英文跟人打招呼都极不自然。简历上各种实习、各种学生会经历丰富，可本人却连这些事情是怎么发生的都解释不清楚。总之，与分数、简历和文书对比，面试中的本人简直判若两人。

通常，学校会为面试设定一个录取率。一些学校，如麻省理工学院，基本保持在 30% 上下[14]，这就算高的了；而另外一些学校，如西北大学，可能连 10% 都不到[15]。有的学生看到这个数字，会如此评价："啊，老师，麻省理工的面试录取率挺高的嘛。"我则会被这种无知的结论惊到：30% 真的算高吗？要知道，所有被邀请来参加面试的学生可都是简历光亮、高分高能的，谁也不是白给的。在这样的人群中竞争 1/3 的机会，是真的很高吗？年轻人，不要太天真。

名校商学院招生，先看申请材料再看面试，整个过程跟企业招聘很像。简历看了，觉得这个人不错，就再通过面试最终确定。学校这么做即是站在雇主的角度去评估一个申请人毕业后能找到好工作和在未来的工作中能否被重用。总的来说，招生官会在面试中从以下几个方面对申请者进行评估：

- 英文水平：这一条不言而喻，英文是在外国生活、学习、找工作的基础。特别是如果你想毕业后留在当地找工作，英文更是要过关。

- 沟通技巧：面试官的每一个问题不但要答得对，还要答得好；说话方式可以反映申请人的逻辑思维能力，用词和面部表情可以体现申请人的亲和力。这都是影响职场成败的重要因素。

- 讲故事的能力：外国人特别喜欢讲故事，会讲故事的人是好的销售，是好的领导，也是好的创业者。那些能把一件日常小事说得绘声绘色、不枯燥，甚至带上幽默诙谐的味道的人往往更容易影响他人，也就更容易成功。

---

[14] 根据历史数据得出的大概结论，不代表未来可能发生的情况。
[15] 这里所涉及的统计指商科相关专业的研究生。

06

西人也讲拉关系

外国名校筛选学生还有若干软性标准，其中非常重要的一项是套磁能力，官方名称是"Networking Skill"。学校相信，套磁能力对职场成功有重要作用。跟人力资源姐姐套好磁，可能获得更多的面试机会；跟公司内部员工套好磁，可能获得更好的工作聘书（offer）；跟自己老板套好磁，则可能更快地升迁。商学院往往都很现实，录取学生的根本标准就是申请人获得职场成功的潜力大小，自然对套磁能力相当在意。

申请套磁，说白了就是想办法跟学校、跟招生官拉近距离，让大洋彼岸的那些可以决定你一生教育高度这件大事的人更加了解你。招生官很欢迎申请人这样做。要知道，学校招生办的工作就是在新学期开始之前从全部申请人中选出最优秀的学生。这是一份限定时间完成的工作，需要效率和结果并重。每一年，招生官们都要面对大量的申请材料，越是名校，

外国大学也讲人情。我曾经拿着我一位大学好友的申请材料去见我校的招生官,说这位学生如何如何好,又如何如何希望到我校读书,前后也就是十分钟的对话,招生官当即就给好友发了面试邀请。

越是如此。一个申请人的命运往往在十几分钟之内就被一叠打印纸决定了。学校没有足够的人力和时间去更加细致地评估每一位申请人，不可能一对一、面对面地跟每位申请人促膝长谈一次，更加不可能在现实生活中深入了解他们。因此，那些在申请过程中通过积极套磁争取机会，以面对面谈话的方式给招生官们留下好印象的同学们更可能被录取。国际学生一来受限于英文表达、文化差异和对外国学校申请流程的不了解，书面申请材料多半并不出色，传达信息失真的情况很多；二来受限于遥远的距离，在招生官面前刷脸的机会很少，所以在申请过程中比本土学生或当地留学生都占尽劣势。所以，通过积极套磁提高自己在学校面前的曝光率是国际学生最应该采取的提高录取概率的做法。当然，在大多情况下，这也是以申请人的英文沟通能力为基础的。

07

录取委员会黑幕

那些标榜民主、自由、平等、公正的国外顶尖大学的招生录取过程是不是就完全公平,没有黑幕呢?肯定不是。哪里有巨大利益,哪里就有巨大黑幕,全世界都一样。

就像我们中国人对高考作弊零容忍,一旦发现高考黑幕、暗箱操作、高考歧视什么的,全国人民必然同仇敌忾揪住不放,对当事人进行各种口诛笔伐一样,外国人民也对名校录取的公平性紧盯不放,一旦发现黑幕,必然通过各类媒体进行曝光。质疑之声从未停止,改革呼声亦从未停止。外国人民也相信,孩子进入藤校,就是进入了成功的保险箱;名校录取对特权阶级的倾斜,就等于助长阶级差距的不断扩大,就等于宣布穷人再无出头之日。

2006年,曾获得普利策奖的美国知名记者Daniel Golden

出版了一本深扒藤校录取黑幕的畅销书[16]，名为《录取的标价》[17]，直指美国数所顶尖名校明码标价，收钱录人；只要爹妈给足捐款，儿女进名校妥妥的。该书炮轰的学校包括哈佛大学、布朗大学和杜克大学。笔者书中所描绘的杜克大学颇有点暴发户的味道，成立时间并不太长却红得很快，为了获取富豪家庭的捐款，直接向其学龄子女发出录取通知书；校长本人也很堂皇地把这当作政绩，骄傲地在述职中称通过自己的努力，大学与某某家族建立了良好的关系，从而在某财政年度争取到了多少多少的巨额捐助。记者写的书，内容有能会有故意偏激以吸引眼球的部分，但所述事实却是简单直接、无可辩驳的：名校录取也拼爹妈。

外国名校"公开"的录取黑幕有若干，比如：对于亚洲学生更挑剔，要求的分数更高，因为他们觉得亚洲学生多数都只会死读书，数学好、语文差，缺乏创新精神；为了校队成绩破格录取的体育特长生，他们的学习成绩往往很一般；且破格特招的体育项目通常包括马术、马球、滑雪、划船、壁球等贵族运动，却将贫民运动排除在外；为了让学校的录取统计数据看起来更美，提升排名，优先录取非主流背景的学生；为了获得捐款和为学校争取其他利益，破格录取特权家庭和校友家庭的孩子；教职员工的孩子有优待，不仅更容易获得录取，还被给予学费减免。

不为人知的黑幕更多。离任或者退休的名校招生官改行做申请咨询师或者创立自己的申请咨询公司几乎成为定式。申请人为进入理想名校，很愿意

---

[16] 英文书名：The Price of Admission: How America's Ruling Class Buys Its Way into Elite Colleges——and Who Gets Left Outside the Gates。时间太久，已无从考证是否真的畅销，出于对作者的尊重，以畅销书相称。关于名校录取的各种书籍在世界各国比比皆是，销量都很不错，足见一颗重视教育的心在全世界都是一样的。

[17] 我没有找到这本书的中文翻译版，就自作主张给翻译了一个中文书名。

花大价钱寻求内幕人士的帮助。我的一位朋友，曾不惜重金把女儿送到一个年收费五十万人民币的"大学预科班"读书。此"预科班"授课地点在哥伦比亚大学里，教授的主要内容不过是SAT考试和申请论文撰写。据销售人员说，该班的"校友"包括王石的女儿等名流，而该班的后台老板则包括若干名校（比如宾夕法尼亚大学）的退休校董。如果让孩子在这个预科班就读，申请大学的时候即可获得分量非凡的推荐信。实际上，我这位好友的女儿的确轻易收到了沃顿商学院本科的面试——要知道，这可是全美排名第一且第一难进的商学院，没有之一哦。

类似这样的录取"潜规则"或者"黑幕"或许还有很多很多。"水至清则无鱼"，尽管名校录取有黑幕，尽管我们可以看到各种媒体对世界各地教育不平等现象的声讨，但无论在中国还是外国，大学录取都是相对而言很公平、很透明的一个过程，读名校仍然是"鲤鱼跳龙门"的捷径之一。研究和揭秘招生录取黑匣子的运作机制，不是为了把自己吓退，而是为了用更加理性和有效的方式来规划申请大事，事半功倍。

我没有有钱有权的爹妈，我没有北京户口，我没有从幼儿园开始一路读着名校长大。现在，我想留学，我想找个好学校认真读读书。

第四章

小白渣
背景求定位

相信不少申请人都知道，商科留学的第一大事是选校，即确定申请目标项目的清单。一旦清单列错，还没开始游戏，当事人就直接出局。怎样列出一份最适合自己的选校清单是这一章的话题。

01

申请谣言满天飞

在 ChaseDream 论坛的商科研究生申请区，常会出现类似这样标题的帖子：小白渣背景求定位。话题发起人晒隐私、晒背景、晒成绩单，邀请网友、校友发表意见，公投预测自己究竟可能被哪些学校录取。很多同学找我咨询留学申请，坐下没有几分钟，也会提出类似的问题："老师，您看我能申请到哪所学校啊？"眼神里满满的都是期待。关于选校的讨论一向是申请人最热衷的话题，没有之一。在这个领域，也流传着最多的关于留学申请的谣言。

首先，单看硬件条件根本不可能精确判断一个申请人能不能被某所大学录取，连划定一个可能被录取的范围都很难，这是一个原则性问题！假如真的只用三言两语晒"背景"就能精准定位学校，预测录取结果，真不知道那外国大学们还要申请人费那么多力气写文书和满世界跑来去地的面试做什么？干脆解散了招生办，雇一个 AI 机器人搞招生，效率高不说还能省钱。

尽管申请人可能也知道只看硬件选学校不靠谱，可这并不妨碍他们对"晒硬件论我能否被某校录取"讨论的热衷。随着讨论增长的是越来越多关于录取标准的猜想，多是以讹传讹的小道消息。这里举一个最常见的可能大家都遇到过的例子。不少学生会纠结：我是"双非[18]学校"的学生，是不是再无缘名校？我的大学是不是对申请有很大的负面影响？绝对不是。首先，很多外国学校的招生官可能根本就不知道中国有所谓的 985 和 211 大学，人家很可能只听过清、北、复、交的名号。在外国大学招生官的眼里，中国大学只分为两种：我知道这是一个（非常）好的学校，和我不知道（不了解）这是不是一个好的学校。其次，我们都知道，影响录取结果的因素除了本科毕业学校，还包括本科成绩 GPA。坊间传闻说，本科名校加分，本科矬校减分；GPA 高加分，GPA 低减分。同一个学生，很可能身在名校 GPA 就略低，身在矬校 GPA 就略高。如果根据这一逻辑推测他被录取的可能性，学校名气和 GPA 的影响正好此消彼长，互相抵消。第三，美国大学在录取学生的时候很注重"跟自己比"的概念，一个出生在大富大贵、有背景人家的孩子与一个出生在贫困潦倒、贫民窟家庭的孩子如果就读于同一所大学，则后者的成就要远远高于前者。所以，我不认为"双非学校"对申请有多大的负影响，甚至是到底有没有负影响。因此，在详细信息缺失的情况下，仅通过毕业于某某大学这一条来妄自菲薄说"我进不了名校了吧"，这实在是很荒谬的。

正因为存在许许多多无法一刀切、公式化地影响最终录取结果的因素，每当有学生拿着自己的硬件背景找到我，希望我据此用三五分钟几句话给他们列出一份选校清单时，我的内心都是崩溃的。这不科学。要列一张靠谱的

---

[18] 双非："非 211、非 985 院校"的简称。

选校清单，我必须全面了解一个学生，包括跟他面对面地坐下来好好地聊聊天。

最后，也最令人心痛的是，看硬件测录取贻误了许多申请人，越是背景优秀的学生越容易深受其害。这些盲目看硬件匹配学校的做法和关于录取标准的谣言常年被公众以各种方式反复引用，不断重复。结果怎么样？假话说了一百遍，有人就真的相信了。

硬件带来的过分自信

每一年，慕名找我指导留学申请的学生都不乏来自名校、分数奇高的好苗子，跟他们合作真是让我欢喜让我忧：欢喜他们的聪明、爱思考，忧愁他们的太有主见、太自负。

两年前，一个二大名校的学生来找我咨询商科留学。他GMAT760分，托福110分，各种学生会干部、各种论文、各种知名投行的实习经历，杠杠的背景看得是连我都晕晕的。人家的目标很明确，我就要去最好的学校读金融硕士！这位学生非常自信，人又聪明，在申请准备过程中也非常主动，积极找咨询师讨论申请文书，详尽地向我们提供关于他的素材，完成任务从不拖沓，执行力一流。在制作和提交材料阶段，事情进行得非常顺利。学生拿到了普林斯顿的面试。对的，没有错，就是传说中的普！林！斯！顿！可把我激动坏了。

我通知学生，必须加紧准备面试，恨不能每天叨叨，面试很重要呀很重要呀，微信轰炸加卖萌，真可谓无所不用其极。可是学生到了这时候，居然一下就放松了，觉得拿到面试了，很有希望了吧，自己的分数高，背景强，英文口语也很好，成竹在胸。在准备面试的过程中，投入的时间和精力明显不如之前,时不时地跟我说:"老师,今天我实习的公司很忙呢,晚一天再准备吧。"我记得特别清楚,在正式面试前三天,我们最后一次模拟面试,那大概是我们第五次模拟练习。我跟他说:"你单靠优秀的背景是无法征服普林斯顿的。现在你还有三天的时间,客观地评价,我觉得目前你的面试表现的确已经做到没有失误,但也没有惊喜。我们准备了这么久,我觉得你的提高很有限,只是把你以前准备好的答案背得更加熟练而已,很多我建议你应该继续好好思考的问题,你并没有去做,我很担心。"学生听到这话,几乎没有受到任何打击,只是笑着跟我说:"老师,我都准备这么久了,我真的不知道再怎么提高了啊!我觉得我就尽量做好吧,能不能录取就看缘分,实在准备不动了。"

最后这位学生并没有拿到普林斯顿的录取,我和我的整个团队都很沮丧。学生自己也很惊讶,刚刚面试完之后他还自我感觉良好地给我发微信表情,说自己的面试表现好过历次练习,让我放心。最终,学生跟我说了一句话,让我更加深刻地看清楚这个很可能从最开始就注定无法挽回的败局:"老师,你说我条件这么好,居然都没有被录取,我也不觉得还有继续提升的空间了,就认了吧。"问题就出在过分迷信背景在申请中的作用。

还有许多类似的惜败案例,多数发生在 GMAT 分数奇高者的身上。他们往往考了 770 分或者 780 分,毕业于还不错的大学,本科成绩也好,成长在一个唯分数论的社会,习惯于自己是一个优等生,完全不低头看身上的短板。有的人凡学生会活动一概不参加,觉得随便找点什么活动写写就好;有的人没有什么像样的实习,觉得找家公司开张证明就好,甚至觉得那些去了名校

名校的门槛就像中国的房价，随着国家经济的腾飞水涨船高。十年前，中国学生申请外国大学，基本享受青海考生考清华的待遇，作为来自第三世界国家的少数派，受到照顾。殊不知，这规矩早变了，华商申请人越来越多，平均背景越来越优秀，名校录取人数却没有显著增加，中国申请人所面临的名校竞争一直都越来越激烈。

的申请人不少是靠父母亲友给开的实习证明达成目的的；还有人英文口语不太好，却觉得只要能把答案背诵流利面试就没问题，完全无视套磁的过程。总之分数只要高上去，申请人就很可能开始盲目自信地觉得自己应该什么学校都可以申请到，直至看到录取结果远差于预期，都不认为是自己选择的项目与自己的实力有差距，而只是归咎于文书不好、运气不佳或者甚至是被中介老师给耽误了。

02

选校金标准

在美国这个总人口3亿多的国家里,坐落着各类大学5300[19]多所,在英国这一数字是163,加拿大200,澳大利亚40。留学党面对众多的国家、数以千计的大学、数也数不清的专业,以及谜一样的录取程序,要精确地筛选出一两个最适合自己的实在很不容易。

外面的世界那么乱,网上的谣言那么杂,世界上的学校那么多,作为一个无辜的申请小白,该怎样避免被误导,正确选校?

现在让我尝试用最简单的方式来回答一下"哪些学校有可能录取我"这个问题。

---

[19] 这里所谓美国大学总数指"colleges and universities",即大学和学院等之类高等教育机构。

跟概率和运气做斗争的最好方式就是多次博弈。作为一个保守求稳的咨询师，为了帮助每个人获得最佳申请结果，我通常推荐我的学生在同一个申请季选择九个项目作为申请目标，并遵守"3+3+3"的原则。首先，选择三所"梦想之校"，这类学校通常录取的学生背景明显好过自己，作为冲刺目标，也是给自己的名校梦一个交代，不妨试试看，万一成功了呢——每一年都有学生大半夜兴奋地给我打来电话，迫不及待地跟我分享自己被传说一样的梦想学校录取的好消息；然后再选择三所"匹配学校"，这类学校通常录取的学生跟自己水平相当，这是申请的重点，建议花最多的时间和精力认真研究学校和准备材料，争取录取；最后再选择三所"保底学校"，这类学校通常录取的学生实力略弱于自己，申请保底校是为了在最大程度上保证出国留学的时间计划不被打乱，或者争取到奖学金来降低留学成本。申请人也可以根据自身背景、风险承受力等情况，对"3+3+3"的结构进行调整，比如改为"5+2+2"等。"这九所学校中的哪些可能录取我呢？"学生问。我的答案是都有可能！只是概率高低不同而已。

列出这样一张单子是很烧脑的工作，特别是对于那些对外国大学全无了解的小白申请人而言。从数千所学校当中找出九所来，啊，真是不知从何下手，稍有不慎，就会犯错误。有的学生对学校的认识有偏差，把梦想之校归类为匹配学校；有的学生自信、轻敌，认为虽然梦想之校录取概率低，但多申请几所总能捞着一个，索性不申请匹配学校或者保底学校；或者有的学生认为既然是保底学校，应该很容易被录取，申请一个就够，然后草草申请一下就把注意力转到梦想之校上去了。犯了这些这样选校错误的申请人，便有可能在埋头苦干了一年、申请季结束之后，才发现未获任何录取，浪费了时间和金钱不说，最终无学可留。

怎么办？可能你也知道，要想尽办法多方位地了解学校啊，研究学校的历年录取数据和成功申请案例啊，这样就可以判断自己的胜算啦，还可以问问校友的意见，甚至亲自去学校拜访一下。倒也没错，只是说来容易！可这是什么样的工作量啊？凡事都有"80/20 法则"，为了帮助两眼一抹黑的小白迅速锁定合适的申请目标，我在这里列出几条最基本的硬件标准线供读者参考。这些条件清晰、简单、易操作，可以作为筛选学校的第一道程序；但他们只是入门级的选校标准，读者仍需在此基础上将选校研究工作继续深入下去。

标准一：出国考试成绩，也就是 GMAT 或 GRE 成绩。申请美国前 10 名的学校[20]，GMAT 成绩应达到 750 分；前 30 名的学校，GMAT 成绩应达到 730 分；前 50 名的学校，GMAT 成绩应达到 700 分。申请美国前 10 名的学校，GRE 成绩应达到 330 分（数学部分应达到 170 分）；前 30 名的学校，GRE 成绩应达到 325 分；前 50 名的学校，GRE 成绩应达到 318~320 分。如果是用 GRE 成绩来申请以招收 GMAT 学生为主的商科专业，情况会稍微复杂一些。笼统地说 GRE330 分（在总分为 340 分，且数学满分的情况下）等于 GMAT750 分，320 分等于 730 分，322 分等于 700 分。学校有专用的转换公式用以将不同的 GRE 和 GMAT 分数一一对应。

标准二：语言能力。托福（或者雅思）分数是指标之一。申请美国前 10 名的学校，托福成绩应达到 110 分；前 30 名的学校，托福成绩应达到 108 分；前 50 名的学校，托福成绩应达到 103 分。同时，英语口语沟通的能力要与这个分数相匹配，这很重要。也就是说，如果你的托福成绩是 110 分，但是口语部分只有 20 分，那就是一个很大的劣势。

---

[20] 美国前 10 名大学的申请难度大约相当于英国前两名大学，美国前 30 名大学大抵相当于英国前 5 名大学，美国前 50 名大学基本相当于英国前 10 名大学。

标准三：实习经历。申请美国前 10 名的学校，最好有知名外企实习经历，且做的工作有内涵、有成就；前 30 名的学校，最好有外企实习经历，或者知名内资企业实习经历，且做的工作有一定的内涵；前 50 名的学校，最好有真实的、有价值的企业的实习经历，且做了一些有意义的实际工作，而不完全是去公司站桩或者打酱油。

上述标准在初步选校时可以作为参考。不同学校、不同专业具体标准略有不同，不少商科研究生项目还会有对本科专业、先修课程等的要求。一些商科研究生项目虽然没有明确地在官网上公布，但实际上倾向于录取某类学生，比如有一定工作背景或者实习背景的学生，或者学过编程的学生。所以，简单满足上述硬件条件的学生未必能被相应排名的学校录取，不满足上述条件的学生要成功申请相应排名的学校则应具备其他方面的优势。

这些硬件标准说起来简单直接，但却有不少学生不愿面对。在 90 后和 00 后的人群中，纠结症患者的比例很高，懒癌晚期的也不少，不少学生自身条件不完美却总想着以最省力和不费脑的方式进入完美的学校读书。他们想尽办法要绕开这些残忍的硬件条件，盼着自己能运交华盖，侥幸进入录取概率仅有 1% 的学校。他们总是这样问我："老师，您知道今年有什么名校的冷门专业比较容易申请吗？"这些学生询问冷门专业，只是想要找到进入顶尖大学的捷径。或者问我："老师，您说的这些标准仅仅是硬件标准，还有软件要综合考虑对吧，所以分数不够也未必不能申请到好学校的吧？"网上流传的各种真真假假的分数很低、背景很差却很幸运地进入了名校的学生的申请案例，总是能够让他们热血沸腾，膨胀起幻想的小泡泡。有时我跟学生说，你别申请这个项目了，戏不大，不如省下时间、精力和钱投入在更有盼头的学校上；学生常常会反问我："老师，那您说我是 100%、一定、必须没戏吗？"本着严谨的原则，我只好犹犹豫豫地说："理论上也不是……"听到这里，不少学生就毅然选择坚持，还认为自己这是不轻易放弃梦想，很感人、很悲壮。可气又可笑的是，大部分学生都认为自己虽然分数、实习等硬件条件有所欠缺，但软件条件一定高于平均水平，或者认为这些只要肯花钱就可以买到。面对这样的学生，我真的想怒怼：Too young too simple, sometimes naive! 醒醒吧，少年！说真的，只要人民币管够，名校门票也许真的可以直接买上一张；而那些与个人能力相关的东西，比如文书，比如面试水平，却实实在在要靠学生本人参与和付出努力。

因为看透了申请无常，作为一个客观型咨询师，我在职业生涯中坚持不向学生夸海口，也绝不为了签约或者安慰学生的情绪而做出无法兑现的承诺。关于申请，我曾为学生预测的最高成功概率只有 99.99%，申请之事无绝对！我不画饼，不用绝对性的言论去预测任何申请结果。我经常冷酷无情地把事情的真相告诉他们："以你的背景，申请到某某学校真的很难，近乎无望。"很多学生因此没有选择我来帮助他们申请，因为觉得我不自信、不负责，什么都不能保证；也有一些学生因此吐槽我做老师没耐心、脾气差，不懂得安慰他们脆弱的小内心。我认为做好选校的第一步是建立起对自身条件和学校要求的客观、清醒的认识，把宝贵而有限的时间和精力投入到产出最多的地方，别在申请过程中抱着不切实际的幻想，在追求不可能的对象上浪费掉太多时间。

03

要名校还是热门专业

或许每个学生都希望进入最牛的名校和最热门的专业,可这样的机会仅属于那些最优秀的申请人或者运气最好的极少数。对于芸芸众生来说,名校和热门专业都是鱼与熊掌不可兼得的。

要名校还是热门专业?这似乎是申请人永远的纠结,而且这种纠结在逻辑上盘根错节,互相影响,最终变成死循环。按理说,申请人应该先明确目标专业,再据此选择学校,因为专业的选择在很大程度上受限于申请人的背景,且并非每个学校都开设全部的专业。可偏有很多中国学生的留学目标就是读名校,专业嘛,随意,甚至是越冷越好——不少人还会申请不止一个专业。不为别的,好申请嘛。申请过程中,学校会要求申请人在文书和面试中明确自己的职业发展规划,并要与既往的经历贯穿起来。这样一来,那些申请两个(甚至几个)毫不相关专业的申请人，难免要部分编造或者完全精分自己的背景。在不造假不撒谎的假设前提下，一个申请人为了面面俱到地写出与所有目标申请专业相关的课外活动和实习经历，就难免让自己的经历"特别丰富"，甚至成为无主线、无特点的大杂烩。最终即便心愿达成，为了名校的牌子入读冷门专业，未来还要面对就业的问题，麻烦总是难免的。顺便吐槽一句，其实现在的年轻人大多还是很热爱生活的，他们不愿意去那种隐匿在鸟不下蛋的农村的名校，担心书读几年整个人都变土了，总之就是这也不好那也不行。

假如一个人毕业学校的排名代表着他受教育的质量，所学专业则限定了就业方向，两条主线在哪里交汇取决于申请人的取舍。

读名校究竟有哪些好处？

首先，读名校意味着有机会建立优质的个人人脉圈。在我二十几岁的时候，我的女神 Grace 姐姐跟我说过一句话，我记到现在，实践到现在，受益匪浅，一直觉得是一个简单却伟大的真理："一个女生三十岁以前的圈子决定了她的一生。"当然，类似的定律对于男生同样适用。人年轻的时候，只关注玩和读书，是与世无争的纯情少年，交朋友看人品，看脾气相投，这个时候积累下来的友情真诚不做作，能维系一生一世。读书的圈子自然非常重要！名校里集中着世界上最聪明的、最有背景的和运气最好的人，个个值得交往。名校是大咖集散地，比如比尔·盖茨、沃伦·巴菲特，这些世界顶尖的业界大佬们，常去名牌大学讲演，跟学生座谈，谈人生、谈理想。我的一个学生去哥伦比亚大学读书没两个月，就在微信朋友圈里面晒出跟巴菲特本人的鬼脸亲密合照，获点赞无数，真是一图羡煞旁人。

第二，名校为个人事业发展提供了高起点。名校的牌子直接决定了一个人被名企录用的可能性。不在此圈者很可能一辈子与牛企无缘。名校光环往

年轻的时候我一直很恍惚，你说什么叫作顶尖牛企？曾一度很傻、很天真地认为什么世界500强啊、什么大央企大国企啊，皆可划归此类。毕业后混迹职场多年终于顿悟：所谓顶尖牛企，就是那种敢于在自己的招聘广告上毫不顾忌地说"我司招聘仅限藤校毕业生"的那种公司，如高盛、麦肯锡等。

往意味着出众的个人能力，是很好用的职场人品卡。一个带着名校标签的人，就跟一家"三皇冠"的淘宝小店一样，可以免费获得更多来自老板的、同事的或者股东的信任。在求职、公司内部升迁、结交商业伙伴或创业拿投资的过程中，非名校者先被怀疑，需要努力自我证实才能赢得信任；名校者先被信任，除非被发现有不良记录，才会失去它。两者被给予的试错机会可谓天差地别。

第三，名校是跟随一个人一辈子的标签。除了职场的那些事，名校对于交友、婚恋、育儿都有很积极的影响。如果我真的有幸能去哈佛读个书，相信我的父母跟他们的朋友谈起我的时候腰杆子都能再挺直好几厘米，他们因此获得的羡慕眼神也能够显著提升他们的人生自豪感和幸福感。类似场景你一定也能想象出很多，跟朋友酒吧小酌时，赴陌生人云集的行业峰会时，参团结伴旅游时，每时每刻，名校的名片都可以为一个人赢得许多额外敬意，爽得一匹！

读名校几乎是全球公认的人生成功捷径。目前世界上最令人羡慕的疑似华裔女性普莉希拉·陈，没有惊人的姿色，没有白皙的皮肤，也没有骄人的身材——可胜在智商高，能去哈佛读书；她还性格活泼，常去参加同学的派对；她还有礼有节，上厕所的时候主动排队——于是在27岁的花样年华嫁给了年轻的亿万富豪创一代，马克·扎克伯克，而且对方还是一个白人高富帅，成为人生赢家。足见名校的特殊价值。

名校的光环自然是华丽丽的，但专业的作用也不容小觑。中国人普遍认为毕业专业非常影响一个人的就业前景，这种想法的产生有其深刻的历史根源，也曾经是不灭的真理。新中国建立初期，中国的大学一度实行就业分配制。大学生毕业后的就业取决于校方的分配，专业对职业影响很大，相关性接近100%。改革开放以后，出国深造逐渐流行。最先走出国门的是名牌大学理工科的学生们。他们去美国读名校,毕业后在国外定居,过上了幸福的生活。这一批前辈在美国就业的模式就是直接找个与本专业相关的工程师、科研员、技术员或程序员的工作,年薪十万美元起跳,几年过去,绿卡到手,成为中产,生活小康而幸福。

现今,随着教育和就业环境的变换,专业对一个人就业方向的限制越来越小。很多不安现状的优秀人才都能通过自身的不懈努力成功实现转行。

从理工技术男到管理咨询师

这个故事的主人公是学生物出身的,大学里学的都是很硬的技术课程,什么数学、物理、生物、化学、编程之类的。简单地说,一看他的背景就知道是一位技术型宅男,所以我们下文称呼他为"理工男"。

大四毕业,理工男选择出国深造。理由也很简单,想去国外看看。他那时候只知道自己是学生物的,也就懂生物学,所以申请了相关专业,根本没想太多;最终入读了美国某所排名30左右的大学,攻读生物制药领域的博士。

那几年生物和制药在美国都是很热门的行业,以理工男的背景,毕业后去制药企业是很简单的事情,之后生活轻松、待遇优厚。但是,他并不向往这样的生活——学生物学了这么多年,又在美国的实验室泡了这么多年,一来审美疲劳、腻了,二来觉得自己不是当科学家的那块料,也不可能成为一个顶尖的科研人员,就特别想换换。

换什么呢?理工男开始广泛求教,去找师兄师姐聊天,拜访学校就业办的老师,最终发现了一个自己特别感兴趣的行业——管理咨询。

很凑巧的是，在他临近毕业的那几年，生物制药行业风生水起，管理咨询公司正在大力拓展生物和制药领域的业务，所以相关人才的招聘机会也很多。

管理咨询公司的招聘对象基本仅限于常青藤校的本科生和名校的MBA们。"我们学校你这个专业的博士毕业生中，从没有人曾被美国的管理咨询公司录用的。"就业办的老师直摇头。

没关系，试试看呗，反正未来不会比现在更差。因为太想改变自己的人生轨迹了，理工男怀着不撞南墙不回头的心态开始四处联系校友，了解行业，访问公司，找实习机会，更是参加了不计其数的相关求职培训。找工作那阵子，他给学校通讯录上每一个咨询行业的都写了邮件并且打了电话，请教他们该如何进入咨询领域、如何准备简历、如何应对面试。给所有他希望为之工作的公司的人力资源部写邮件，如果人家没有回复，就再写一封，表达自己对公司、对行业的热爱。只要机会允许，就去公司拜访，一度需要靠信用卡透支过日子。"在我找到工作的时候，"故事的主角最后自己说，"走访公司和面试期间飞来飞去的登机牌攒了足有三厘米厚了。"

为了进入该行业，理工男可真的是不惜成本。他找到的第一个实习机会是在校友创办的小咨询公司无偿打杂。为了这份实习，他自掏路费，从美中飞到西岸，自赔房租住在公司边上，整个暑假都泡在校友公司的办公室里，只要插得上手，别管什么活，就去帮忙。积累了一定的经验以后，又找到了一个大些的咨询公司的正式实习机会。待到博士正式毕业的时候，理工男顺利被美国的 Booz & Company 管理咨询公司录用，实现了职业转型。他是当年该公司在全美录用的唯一一名博士生，也是唯一一名中国人。

随着中国的改革开放和市场经济的进一步发展，中国人越来越有钱，中国学生的眼界更加开阔，出国读商科研究生也越来越热门。商科研究生有几个主流专业，专业和就业前景的对应关系都相对较弱。可以这样说，读某专业未必就能在该行业就业，也未必被限制在该行业，但是读商科一定可以在商科领域就业。我整理了几个商科研究生主流专业的就业前景说明，供读者参考，具体内容请查阅附录。

综上，我本人会更多地建议学生，无论什么专业，读名校总是更好的选择。

04

按需留学

不少中国申请人都有不是名校不申、不是热门专业不读的骨气,且为达目的全然不在乎花费多少精力、多少金钱,可谓不惜代价傍名校。这种做法我实名反对。

首先,中国人心目中的"名校"标准太高,范围基本就限定在常青藤盟校,再加上排名常常霸占前十的几所名气如雷贯耳的大学。我承认从这些学校毕业,进入主流企业基本无障碍,结识社会名流的机会也多,以后行走江湖,或开会或吹牛,谈起母校可以很高调、很大声。可要知道,美国的大学数以千计,名校、牛校不胜枚举,若说其中仅有最顶尖的不到 1% 的学校可算作是名校,而其余一概被列为渣校、水校,那实在不科学。再者,绝大部分中国申请人都过分关注名校、排名,鲜有人关心学校文化、周边环境、学生人群、教学质量、校园设施、教授水平等这些他们本应更加关注的问题,情愿让排名一白遮百丑，即使名校的水项目也读得无怨无悔。最后，不少申请人盲目追大热专业，金融热就申金融，BA热就申BA，可其实在决定申请的时候连该专业在校期间读什么课程、毕业后的主流去向是什么也不甚了了，更别提有什么清晰的职业发展规划了。当我向这些誓要进名校读某专业的学生提问："你读这个书要达到什么目的呢？"答案多半是"没想过"："读名校呗，没想那么多啊。"如近期在朋友圈不断刷屏的"区块链"，懂的不懂的都先刷起来，你不跟风你就OUT了。

其实，留学的方式可以有很多，留学能帮助一个人实现的人生愿望也可以有很多，实在没必要一股脑地挤死在追求名校和热门专业的独木桥上。前几天我在知乎上读到的一篇题为"在美国上幼儿园的经历，我和孩子都挺开心"的热文上了知乎日报，讲的是一个新移民妈妈读大学的同时带着宝宝上幼儿园的经历。她自己在学校念书，虽然并不是什么名校；同时送孩子去学校的附属幼儿园，幼儿园的设施极好、极方便，母子都开心。这让我想起了我的一个高龄客户的经历，励志之余，更提供了一种全新的留学视角。

留学是我的绿卡捷径

这位客户是一位大龄妈妈，孩子就要上小学了。细数起来也算是我的朋友，只是相识多年并没有特别多的交集，直到她来找我咨询留学申请。

大龄妈妈是北京人，大学毕业后在两家外企打工，从一线员工到销售经理，事业平顺，没有惊喜。关于留学，起初她是犹豫的。"我儿子是个早产儿，身体不好。最近这几年北京雾霾越来越严重，孩子常常咳嗽，雾霾一大就咳得厉害。现在就要上小学了，在北京给他找个学校可真难啊！思前想后，我想带着儿子去美国，但是我又没什么钱，

一个成绩平平的大学生，赴澳留学，随意读一个无名大学，毕业后都能找到工作。如果不想去打工，那也可以经营一家小超市或者小饭店。十几年过去，都能在澳大利亚拥有安定的小康生活。一栋别墅均价数百万人民币，即便是在快餐店打工，也有可能攒钱买到。医疗、养老、养孩子，都有政府补贴。这就是一个澳大利亚小老百姓的平稳小日子。留学过后，你要怎样继续你的生活？

投资移民肯定没戏。我这都要35了，还能去读书，毕业后找工作拿绿卡吗？"大龄妈妈的焦虑并不算是个例，为带孩子移居国外而读书已经成为一种留学现象。

为什么不能啊？我听了都笑歪了。这是我见过的读书目的最明确的客户之一。在我看来，只要目的够明确，实现起来就不是问题。我向她推荐了美国加州大学圣地亚哥分校的MBA项目。学校排名并不顶尖，但胜在城市环境好，房价适中，孩子可以免费就读当地的公立小学。我鼓励她好好考GMAT，成绩就是奖学金。复习了三个月后，她考出了690分。这分数对于名校来说都不够及格线的，但是用来申请这所学校就绰绰有余了。最后，连秀诚意带哭穷，这位励志妈妈从学校那里获得了四万多美元的奖学金。

搬到美国后，她和儿子都挺开心的。一年学还没上完，就在美国做起了生意。借着护理自家小早产儿的经验，她跟人合伙儿在加州开了一个月子中心，连毕业后找工作留美的问题都一并解决了。

就是这类目的明确、能想清楚自己要什么的申请人，往往申请结果最好，也往往从留学当中获益最多。关于选校和选专业，我常常建议我的学生，不要只看排名，也要看就业报告；不要盲从网络上热传的什么项目好、什么项目水，而是好好问问自己究竟要什么，然后去寻找到那个最适合自己的留学方案。留学是一个跳板，是用来实现自己人生梦想的工具。

05

高能选校工具

前面讲了那么多干货，可能有些同学还是有这样那样的问题，还是不能确定自己的选校清单，还是会纠结挠头脱发失眠。不要慌，接下来我要放大招啦！

由 Chasedream 独家研发，完全免费货比三家童叟无欺的超能选校工具——DreamSchool 闪亮登场。它倾注了 Sonia 老师毕生心血，良心靠谱科学先进，帮助你摆脱困扰走出迷局规避风险权衡利弊合理选校实现梦想走上人生巅峰。心动不如行动，微信搜索"CD-Master"关注公众号"Chasedream 商科硕士"，后台回复"选校工具"就可获得你的私人 DIY 老师。

我们将以问卷的形式抽丝剥茧地帮你缕清你的实力与想法，通过多个问题帮你认清楚自己，从而做出最优质的选择，并为你提供贴切的建议，指明努力的方向。

转发锦鲤不如转发关注，让更多小伙伴享受最靠谱省事的选校指导！

更多精彩内容，请登录 Chasedream 论坛 https://www.chasedream.com/。

我准备好了,我要全程开挂读名校!考试难不倒我,实习难不倒我,申请文书难不倒我,面试难不倒我。我超人,我DIY。

第五章

申请大事
攻略

申请顶尖读名校注定是一个漫长而坚辛的过程,少则一两年,多则三四年,当然也可以更长。其中有几个关键环节,可说是只许胜利,不许失败。要顺利通关,既需要艰苦奋斗的精神,也需要一些小技巧。"老师你前半本书已经谈论了那么多的世界观问题,什么录取的原则啦、标准啦,还蛮高深、蛮飘忽的嘛!也该落落地,说说方法论了吧?我该如何通过努力,逐一达到名校列出的这一条条的硬件、软件要求呢?"好的,这就是第五章的主要内容。

01

必经之路：出国考试

说到出国，参加出国考试并取得理想的成绩是必经之路，也是一条申请人必须完全依靠自己的能力走过去的路。可以换个姿势，多走几次，但不能使用替身。

在中国，无论什么地方，随意推开一扇大学自习教室的门，看桌上堆放如山的书本，必有出国考试类书籍。什么 GRE、GMAT、LSAT、托福，一应俱全。准备出国的大学生们每天起早贪黑，勤奋学习，厚厚的红宝书不离左右。你千万别问他们好似"简单的"这类最日常的形容词用英文怎么说，因为他会随手抛出像是"compendious"这种最不日常的 GRE 单词。

无论你是打算毕业后立刻出国还是工作几年再说，我强烈建议心怀世界一流名校梦想的年轻人尽早准备出国考试，最好在大学毕业之前搞定它。就学习这件事而言，不管怎么说，还是学生最专业，年轻人最有优势。从硬件上比，学校里有便利的自习教室和图书馆，周围的人都在看书学习，氛围极佳；从软件上比，年轻人脑子好使，且身在校园不被俗务缠身，可以专心学习，也有充足的时间去参加各种培训班儿。我有不少背景优秀的学生，工作了一两年以后想要出国读研究生，或者工作了三四年以后想读MBA，都面临一边工作一边复习考试的挑战，无一例外地被折磨到心力交瘁。人得服老！年过25再拼出国考试真的会很痛苦。为了升迁，他们每天早晨八点或者九点以前就得出现在公司，年轻人拼事业，往往一忙就是一个对时。间或陪客户喝酒、唱歌，喝少了还不成，可能还没吃完饭已经是醉醺醺的了。就这样挣扎着到了晚上十点钟，终于回到家，时间倒是属于自己的了，可身体却已经不再受控制。只有意志力最坚定的人才能做到强忍困倦开始复习，背单词，做题，体力好点的或许可以熬到晚上一两点；体力不支的，可能还未翻开书本就已人事不省了。即便靠毅力死扛，因为体力、脑力透支，复习效率也很难搞上去。所以说，考试嘛，还是在专业的阶段专心地去做才好。

搞定出国考试，是不是应该报个班儿呢？

出国考试各种班儿

我刚到北京上大一的时候，我的初恋小男友从老家打长途电话给我，央求我帮他的一个女性同学报一个新东方学校GRE寒假住宿班。这件事儿让我在不经意之间见证了一段很奇妙的历史，也直接导致我后来相当长的一段时间里，只要有点儿闲钱投资股票就必买新东方。

虽然我的内心是一百个不乐意，但为了显示大度秀恩爱，我还是一口答应下来。

准备去报名的前一天晚上,小男朋友再次打来电话,千叮咛万嘱咐:"你能不能早晨七点钟到北四环新东方总部的大楼那里去排队啊?我可以明早叫你起床。"啥?不就是报个培训班嘛,至于么?然后人家说了,这是要出国啊、这是得考试啊,这次报不上就报不上了啊。哦?敢情报不上新东方,就出不了国啊?这都什么情况啊?新东方又是什么鬼?

那是我在北京度过的第一个冬天,当时我并不了解那里寒风的犀利,以至于在未做好充分准备的情况下就在十二月份初的一个大清早出了门。准备啥?是啊,准备啥,不就是报个培训班嘛。我出门的时候也是这么想的。然而事实证明我是大错特错了。到了北四环新东方学校当时破破烂烂的红砖墙教学楼门口,我就傻眼了。那是一个周六的早晨七点刚过,飘着微雪的寒风中聚集了好几百号人,好几百号人呐!熙熙攘攘的好像赶集,队伍排起来好几层,足有百米之长。人们大都裹着厚厚的头巾和帽子,带着盛满热水的保温杯。啊!有多少名额啊?看这情况我意识到自己轻敌了。开门以后,队伍一直走得很慢。好像当时新东方就只收现金吧,反正来报名的大都是学生,带的也都是现金。在一个半米见方的小窗口前,众人排队、付款,窗内的人忙着数钱,验钞机喘着粗气。开听课证的是个北京大妈,态度极差。寒风里我等得险些精神崩溃。我到现在都记得,离开时差不多是下午两点钟,期间一直被风吹着,一口东西没吃,一口水没喝,要不是年轻,估计就交待到这儿了。终于报上了,欢喜得不成,因为排我后面半米的哥们儿就没报上,我还没走远,就听到他在那里大声骂街:"别走!你谁啊,一报报十个?黄牛吗?!"

我好奇地问我的小男朋友，为啥考 GRE 要报这个班？他回答，在绝望中寻找希望呗。

"在绝望中寻找希望，人生终将辉煌。"这话是尊敬的俞敏洪老师说的，据他自己后来澄清，这话也不是他说的，是他翻译的，英语原文是："If winter comes, can spring be far behind？"。我周围不少朋友报这个班都是被这句话蛊惑的，还有其他一些经典的鸡血段子："背 GRE 单词并不是个苦差事，中国人背好单词就能考好 GRE，考好 GRE 就能有奖学金。你看 GRE 单词差不多是两万；奖学金呢，至少也有这个数儿。所以你们背单词的时候都应该充满激情，想：一个单词一刀，一个单词一刀！"

的确，出国考试是一个漫长而艰辛的过程，且全程无人监督，全靠自己的"内在动力"。如此变态的自我折磨，围观群众是不会懂的。复习班可以为学生提供内在动力，比如 GRE 单词，什么 anaerobic[21]，什么 syncopation[22]，不打鸡血的学生能每天都背这样的单词还坚持不跳楼？但如果跟一群和自己一样具有自残精神的人一起夜以继日地做这样自残大脑的事情，你就不会觉得自己在芸芸众生中悲催得鹤立鸡群了，反而会得到心灵的慰藉，会觉得自己是在做一件很高尚、很有意义的事情，于是注定孤独。无论如何，俞老师的课讲得还是很不错的。

老师，您这是在推销新东方的考试辅导班吗？并没有！人家毕竟是知名上市公司，应该不缺学生的。其实我自己考 GMAT 和托福的时候并没有报班。

---

[21] 中文含义：无氧的
[22] 中文含义：改变音乐节拍

GMAT 考试真的不是考！英！语！说多了都是泪，GMAC 也是委屈的："我们考的明明就是逻！辑！思！维！"不少同学怎么也搞不定 GMAT 就是陷入了语言圈套。不少同学认为，如果 GMAT 考试是用中文的，一定可以轻松过 700。错！ChaseDream 在我们自主研发的 GMAT 课堂上做过实验，把考题翻译成中文给学生回答，一！样！错！

作为一个英语专业的毕业生，我抵制报班，因为我觉得出国考试无非是一种英语考试，是我的老本行，报班羞耻。结果当自己闷头复习了三年才考出了一个极尴尬的 700 分时，我才知道我是真的错了。多年以后的现在，我每想起自己当年为省那几千块钱没去报 GMAT 班时总是特别后悔，影响奖学金，更影响申请。我该更早地意识到出国考试的本质并非英语能力测试，而我自己也不是什么学习力超强的人，不能轻易总结出征服一个考试的规律，我是真要老师教。如果你跟我一样，自己复习考试的效率不高，强烈建议尽早找个适合自己的考试辅导班听课试试看。我近几年听过不少优质的 GMAT 课程，的确有一点就透的效果。每年都有不少同学，春天的时候不愿意报班，坚持自己复习，一次次地刷分，报名费也花掉了一大把，直到秋天还没有考出理想的成绩，终于着急了，来问我："老师您给我推荐一个考试辅导班吧，或者一对一的老师，最贵的老师，我要花钱去学 GMAT，学托福。"

02

是考试也是修炼

在国内，很多同学都曾在高考结束之后去做这样一件事：销毁课本和参考书。一方面可见其恨之深，一方面可见考试一旦结束，课本就立刻成了没用的东西，再无保留价值。长久以来，中国学生形成了这样的意识：学习是为了应付考试的，考试是进入名校的筹码，而名校则等于飞黄腾达的机会。在这一串因果链上，似乎十二年寒窗所积累的知识默认是最没有用的，考试完了就应该立刻还给老师，否则背着嫌沉。出国考试也是考试，是痛苦和枯燥的，但它不同于国人习以为常的那种一锤子买卖的考试，不是一考定终身、求分数不求甚解的考试，其所涉及的知识和技能也不是出了考场就再无用武之地的。出国考试测试的内容正是留学路上所需要的技能，通过备考提升自身能力，能让申请人在未来的留学过程中更加成功。

一方面，出国考试涉及大量不学则不能成功的留学必备知识和技能。

第一是单词。大部分中国学生背单词的脑袋都很灵,可惜背的却是英汉字典。because 是"因为",due to 也是"因为"。用的时候也不多想,拎起哪个用哪个,随意。问他"because"和"due to"有什么区别,张口就说:"because of 等于 due to,这俩短语后面是不能跟句子的,只有 because 可以。"应试教育就是这样。而正确答案,或者说帮助一个人在英语环境中用对这个短语的解释应该是这样的:because 是一个逻辑很强的"因为",原因和结果具有强烈的关联性,例如:因为(because)下雨了,所以出门要打伞;due to 就不同,是一个比较弱的联系,例如:(due to)这水有点儿冷,我不想喝太多。GMAT 和 GRE 都会从日常使用的角度考查学生对英文单词的理解是否准确。学好单词用法能帮助留学生更好地融入外国社会,找到好工作。深究中国人在美国混得不如犹太人、印度人和拉丁美洲人的根源,最本质的原因就是语言障碍。我的一个 ABC 朋友曾跟我说过这么一种关于中国人的英文水平的看法:有些中国人说英语可能没有什么明显的口音,但常常发音不准确;用英语表达自己的意思可以,却不会使用"受过良好教养"(well-educated)的英文。试想,无论在学校还是职场,谁不想跟"受过良好教养"的人做朋友?这种教养,恰恰显示在细节上的用词贴切。大多数的中国留学生,语法都背得不错,却往往使用着完美的语法说着用词奇怪的句子。

第二是阅读能力。中国人的阅读能力并不差,只可惜这所谓的"阅读能力"指的是在考试中可以按时读完文章并把正确答案选出来的能力,而非把文章读进去、理解好的能力。很多培训机构的老师甚至会教授"蒙对答案"的技巧。有多少人在准备出国考试的时候阅读了一篇文章,做完题目,还能记得那篇文章的内容、了解作者的观点、感受得到作者的态度以及字里行间的隐含意思,并最终在自己的脑袋里面储存下来成为一个知识点呢?只为了选答案而不去读懂文章，或者读完就忘，如此阅读就是在浪费自己的时间。在复习考试的时候，建议各位不仅要求自己做对题目，更要同时培养自己快速阅读、积极阅读的能力。留学生在美国学习或者生活，需要阅读大量的内容。有些是为了完成作业、对付考试必须完成的学术类阅读；有些是跟日常活动或者工作机会相关的信息类阅读。卓越的阅读能力等于更高的学习和工作效率。中国留学生要真正了解和融入外国社会，必然要吸收大量新信息，比如每天看一张报纸，读一本闲书，在网上浏览几篇社会八卦。正是这样一条条的信息，构筑起异国他乡的那个完全不同的社会。像这样的信息本地学生自读书识字起就耳濡目染，持续学习、接受和更新，而想做新移民的国际学生已经至少落后了差不多二十年的时间。如果继续不读书、不看报、不上网、不关注新闻时事，不去迅速弥补这些差距，什么时候可以消除文化差异、融入主流社会、成为成功人士？只怕是连商场打折券都用不对。

第三是写作能力。应试写作训练基本等于背诵模板加练习打字，这是几乎全部中国考生通行的做法。面对写作考试，学生们很自然地把精力放在制造出一个好用的超级模板上，花大把时间研究要加上什么万用单词、包含什么复杂句型才能获得高分。对于这种做法，我是深深地不认同。在外国读商科，英文写作能力可谓居家旅行必备本领：申请时要拼申请文书；学校的很多课程都要求写论文，还得限时完成；找工作期间跟公司代表套磁要写长邮件，几乎所有的职位都要求写一封求职信；毕业以后在工作中写好漂亮的报告和PPT更是升迁必要条件。在中国，一个文字功底好的员工，无论在国企还是外企，都会更容易受到老板赏识，在外国也一样。GMAT考试对写作的要求，跟商学院对论文的要求和企业对商业文书的要求是一致的，备考时摒弃模板思维，趁着复习认真学、好好练，非但不会耽误时间，还能终身受益。

另一方面，学习和研究出国考试套路的过程也是学习、研究西方人思维方式的过程。英语主流国家（如英国和美国）的思维方式和逻辑体系跟中国的很不一样，而研究生入学考试所考查的知识都是架构在西方人的思维方式和逻辑体系之上的，是精华的浓缩。考试机构 GMAC 的说法是这样的："我们的考试测试考生的逻辑推理能力。应试者并不需要任何专业的背景知识，所有具备基于'常识'做推断的能力的应试者，都可以顺利答对题目。"学习和建立西式逻辑思维与留学生未来的成功息息相关，不应该放弃任何直接学习它的机会。

除了这些能力上的提升，出国考试分数甚至跟未来的就业有直接的关系。

考 G 的用途

我也曾经天真地以为，我跟出国考试的关系在我拿到名校录取通知书的那一刻就正式完结了。事实证明，我是大错特错。

对我来说，去美国读研究生是一件人生大事。那是我第一次出国、第一次去外国读书、第一次靠自己的辛苦努力卧薪尝胆四年去实现一个目标，反正就是一下子能脱口而出很多很多感谢各种人的话的那种情况。打起一个很小的背包，兜里没揣几块洋钱，我只身到了从来也没去过的美国，一心想着要好好学习，毕业了找一份年薪百万的工作。

可是天有不测风云，我入学没有几个月就出大事了。像往常一样，我早起来到教室，却看到同学们三五成群地议论着什么，没有像往常一样各自坐在座位前准备上课。"雷曼兄弟倒闭了。"后来的事情大家都知道了，美国爆发次贷危机，进而引发全球性的金融风暴，到今天也没完全缓过来。不久以后，贝尔斯登倒闭；美林濒临破产，最终被美国银行收购。那段日子同学们课间议论股票投资最热门的话题就是：高盛银行和花旗银行的股票都跌破1美元了，应该买哪只。

投行不招聘了，商学院的学生们受到了很大的影响。有同学讲，一个月前来学校招聘并跟自己聊得很好的一位瑞士银行的部门主管，在他收到面试的时候，居然已经被银行裁撤了，不过经过了短短两个月的时间而已。一下子，原本并没有那么高不可攀的管理咨询公司们成为最受热捧的雇主——至少他们还在招聘。

学校就业办的老师举办各种培训，帮助同学们获得咨询公司的工作。有一次，老师在课堂上说，管理咨询公司喜欢 GMAT 分高的学生，如果各位成绩好，不妨写在简历上。下课后，不少同学议论纷纷，有好几位印度同学说自己还不到 750 分，转身就报名考试去了。

当年春天，咨询业的三巨头，麦肯锡、BCG 和贝恩，在我们整个年级一共招聘了 12 位同学做夏季实习。实习结束后回到学校，在开学典礼上，院长宣布了 15 位一年级奖学金的获得者，也就是全年级学习成绩前 5% 的同学，并邀请他们上台领奖。非常有趣的是，我竟然发现，所有获得这三家管理咨询公司夏季实习机会的同学竟无一例外地站在领奖台上，真的是无一例外！我相信这不是一个巧合，麦肯锡们的确在录用那些最聪明的人，或者更加精确地说，考试成绩最好的人。

除此以外，出国考试还有一个很现实的好处：获得奖学金。虽然各大高校的奖学金都是综合考虑、择优发放的，但考试成绩往往是最直接的相关因素。每多考一分，那都是绿油油的美刀。就算花钱刷分报班，也都是可以赚回来的。

03

关键任务：套磁

在前一章里，我提出了"套磁"的概念，并把套磁能力定义为名校商科专业录取学生的一个重要指标，这也是许多中国申请人最明显的短板之一。套磁是一个花钱、花时间、花感情的工作，要做好可真得有付出。

做好套磁工作的基础和前提是树立起正确的套磁观，明白什么该做，什么不该做，什么能做，什么不能做，别让辛苦策划的套磁成为画蛇添足的负分。

第一，套磁不是没话找话说，不是混个脸熟，不是请客吃饭，不是寒暄打招呼，更不是送礼物。虽然套磁并不在官方申请活动所列的范围内，但它其实是一个非常正式的向被套磁对象展示你是一个多么优秀的申请人的方式，切忌随意发挥。在套磁过程中说出去的每一句话都应该是精心准备过的，是经过深思熟虑的，无论是邮件套磁、电话套磁，还是面对面的套磁，都应做到三思而言。

第二，劣质套磁会影响申请。我从不建议我的学生在没有准备好之前就贸然跟学校的任何人展开任何可能被对方记住的对话。申请这事要成功可能很难，但要失败却可以很容易，也许有很多人说你好，但到了最后有一个人很不喜欢你，得，一票否决，你只能很委屈地被干掉。没有准备好的套磁就是常见减分项。某学校的校友曾经这样吐槽："上次见到一个人要申请我们学校，却对学校完全不了解，还问我我校跟某某学校有什么区别这等没有营养的问题，我回去要立刻给招生办写信，表示该生对我校感情淡。"

第三，套磁就是争取录取？非也、非也。套磁是跟学校的积极沟通，可以帮助申请人更好地了解学校，拓展人脉关系，争取奖学金等。获得一纸录取通知只是其中的一项福利，一旦入校，还能获得更多的优先机会。关系熟好说话，有人情好办事嘛。

第四，根本不套磁。可能目前大多数的中国申请人根本不套磁就可以获得录取。但是，成功的套磁无疑会给申请大大加分，并且作为一种趋势来看，越来越多的申请人正在熟练掌握这门技术，不会你就落后了。总有一天套磁会成为申请的必要环节，而且在美国本土，其实已经是这样了。在商学院里套磁叫作"Networking"，此乃入学、求职的必备神器。

经典的套磁对象有几类：招生官、校友、教授、小蜜（招办秘书的昵称）；经典的套磁招数分为几种：访问学校、参加宣讲会、写邮件、打电话、单约面谈。考虑到一个申请人往往申请多个学校，再把这些对象、招数和学校完全排列组合起来，套磁工作量之巨大，不难想象。事实是，很多学生即使我手把手地教会他们一套套磁的好功夫，也会在实际工作中大打折扣，甚至不予执行。理由只有一个："忙不过来！"套磁可是个力气活，贵在坚持。

成本最高但也效果最好的套磁就是亲自去学校看看。如果金钱与时间不是问题，每个申请人都应该这样做。在外国，申请学校之前做校园访问已经是一个惯例，这一惯例从小学就开始了。中国申请人因为此去路途遥远，又有签证问题，所以之前几乎没有人会考虑校园访问这件事。自2008年世界金融危机以来，美国人、欧洲人对于中国有钱人出国旅行转持越来越欢迎的态度，一夜之间拿到发达国家的签证较此前容易了许多，现在已经是遍地十年签，去欧美可以说走就走的时代了。于是，有越来越多的中国申请人选择在申请之前去学校实地考察一番。校园访问是最直接了解学校的方式，这种了解会帮助申请人更精确地选校，在文书和面试中有更好的表现。有一些特别幸运的申请人，还因为在校园访问过程中表现很好，直接被录取。

一次访问的录取

我曾有一位学生，很想去名校读书，背景不错，人也长得精神，可不知为什么连续两年申请都没有结果，连面试的机会都没有一个，实在是很让我意外。当时他在某奢侈品牌做销售，不缺钱，在二度悲剧以后，万般想不通，买了一张机票直接飞到美国去了："哎，当时我真的很想当面问问他们为啥不录取我！"他很愤愤。

到了学校，正是一天的清早，销售同学直接来到学校门口，打电话到招生办公室：

"您好，我今天到贵校访问参观，请问能去拜访一下您吗？我很想到贵校读书，希望有机会跟您谈谈，就十分钟。"

"对不起，我现在很忙。"

意料之中的拒绝没有给他造成太大打击,销售嘛,早习惯啦。放下电话,他进入校园,边走边看。在咖啡厅,他遇到几位正在吃早餐的学生,上前搭讪道:"我是来学校访问的,打算今年申请,你们学校是我最理想的选择。"几位学生都很热情,开始给他介绍学校的情况:图书馆在哪里、大家每天都去什么地方吃饭、去什么地方聊天、去什么地方做运动、去什么地方喝酒跳舞。接着,一位没有课的学生又主动当导游,带着他在校内和教室转了一圈,并介绍了学校里最受欢迎的课程和教授。

中午时分,这位百折不挠的销售再次拨通招生办的电话:

"您好,刚才我在学校的咖啡厅坐了坐,跟几位学生聊天。他们非常热情,向我介绍了许多学校的情况,太棒啦。不知道您现在是否有时间,我可以邀请您共进午餐吗?"

"哦,对不起,我有约了。"

虽然还是一个拒绝,但是很明显,这次对方的口气缓和了很多。

第二次放下电话,销售同学想,来都来了,不如去旁听一节课。于是花了整个下午的时间在教室里听讲,对美国学校的教育质量有了一次感性的认识,真的很棒。课堂上,教授讲的不是教条,而是他自己的研究成果,分享的生动例子都是教授的亲身经历。下课以后,销售同学激动地跑上讲台向教授表达感谢。

转眼到了下午四点多,销售同学不死心地第三次打给招生官:"我刚才去听了某教授的课程,很赞啊!结束了一天的访问,我准备走了,在此之前，如果能去您的办公室拜访一下就太好了。"招生官犹豫了一下，说："很抱歉，我马上要去参加一个新生欢迎会。不过，如果你有兴趣，可以跟我一起来。"销售同学很开心地接受了邀请。

两人一起来到新生欢迎会的现场。第一个环节是自我介绍，招生官示意销售同学加入队列，向大家介绍自己。这不就是期待已久的机会嘛！销售同学的内心乐开了花，落落大方地走上讲台，将精心准备的三分钟自我介绍讲给了在场的六十几位听众。那是一个非常搞笑的段子，诙谐幽默地总结他大学以来的学习、工作的经历，当然还有今天一整天在学校的见闻。全场爆笑，并报以热烈的掌声。

"太好了。"招生官也笑了。接着随手拿起学校为所有新生准备的欢迎礼品，一项带有学校徽章的帽子，戴在他头上，并说："欢迎加入我们。"

果然，回到中国不久，销售同学就收到了久违的录取通知书。

拜访招生官其实是对一个常用的商业原则"直接与决策人对话"的经典实践。对录取结果最有发言权的人无疑是学校的招生官，通过校园访问与他们面对面地谈话就是最直接的争取录取的方式。招生官们普遍很忙碌，要约到他们真的很难，除了谈话的技巧，还需要不怕被打击的精神。基本上所有的学校都会在校园内举办招生宣传活动，邀请申请人到场。大多数学校的招生官是乐意花时间接待一个有潜力的申请人的，因为直接见面谈话毕竟比通过申请表格、文书这些纸质的文件去看一个人更直观，也更容易得出正确的结论。

如果亲临学校拜访是你的时间、金钱、精力所不容许的，参与学校的在华宣讲活动也是很好的方式,只是名校来中国举办活动的比较少,机会很有限。每一年,各个学校的招生官都会不辞辛苦环球旅行,到世界各地参加教育展,一面宣传自己的学校和项目,一面物色有潜力的申请人。我与许许多多负责组织这种活动的招生官面对面地谈过他们对这些市场活动的期望,听到的答案惊人的一致,他们希望借机见到更多高素质的申请人,名校招生官也不例外。在这样的场合,到场的招生官通常只有一两位,而申请人却有数十甚至数百位,越是好学校,粉丝团越是庞大。如何在混战中脱颖而出、跟学校代表说上话并留下好印象可是一种高级技能。

一场不落就是一场不落

我的一位很勤奋的学生在被我用"Networking"的理念洗脑以后,很快成为套磁行动的铁杆执行者。他不遗余力地把握一切机会,在全国范围内飞来飞去,一场不落地参加学校的各种公开活动,包括官方的和非官方的。总之,只要是能见到校友,能见到招生官的机会,一个都不放过。

北京的一个初冬,传闻称某名校招生官将于下午 2:00 在某教育展现身。可是当天中午,风云突变下起暴雨夹雪,天气很差。不少申请人看到这种鬼天气,就干脆躲在家里不肯出门了,所以教育展的现场略显冷清。这位同学自然是风雨无阻,按时到场,可学校代表却迟迟没有现身。想要申请这所学校的同学们左等右等,逐渐没有了耐心,纷纷提前离场。

等啊等,等啊等,一直等到活动即将到预定结束的时间,两位招生官才匆忙现身。两个外国人在北京突遇暴风雪,没办法按时到场,

> 实在是天不作美，没有办法的事情。
>
> 围观群众不多，一位眼尖的招生官远远就看到了这位同学，并且叫出了他的名字。啊，你不是 Jason 吗？你不是住在上海吗？其实他本人就住在北京，之前是特意跑去上海刷脸搭招生官的。于是两个人在几乎无人打扰的情况下，畅聊了半个多小时，从恶劣的天气，谈到学校，谈到职业发展规划，谈到申请，谈到美食，气氛友好而融洽。
>
> 不久以后，该同学收到了录取通知书。

其实那天我就在现场，见到了我的不少学生，其中几位因为大雪，担心交通差回不了家，提前退场了。听说这个故事的时候，我也被这种执拗的坚持、每场必到的热情、风雨无阻的精神震撼了。所以你看，机会是留给准备好的人的，是留给坚持到最后的人的。

积极参与招生说明会的申请人可以获得珍贵的一手学校信息、写作申请文书的素材以及面试的谈资。如果跟招生官聊得好，还可能获得被优先录取的机会。网络技术日新月异，现在，很多人力、物力不足、没有机会来中国做招生宣讲会的欧美学校都在利用网络视频召开在线招生说明会，对申请人而言，参加这类活动的参加成本只是一台能上网的电脑或手机，实在不应错过。

04

申请文书写作原则

可能连很多没什么申请经验的同学都知道,优秀的申请论文是为申请人赢得外国名校商科研究生录取资格的重要筹码。撰写申请文书无疑是商科申请过程之中耗时最长、技术含量最高的一项工作。如何一步一步地学习撰写申请文书并最终把它写好?这里为读者提供一些努力的方向和实用的方法以供参考。实际上,申请文书的撰写技巧,别说这么一个小章节、几千个字,就算是写上几本书也说不完。本节内容是我所认为的关于提高申请文书写作能力的基本方法,可能并不足以帮助读者成为文书大神,但却是作为一个合格的申请人不能不知道的原则。有兴趣继续深入研究申请文书写作技能的读者,请参考附录:商科文书写作能力提升推荐阅读清单。

我的第一个建议是通过广泛的阅读建立起对申请文书的审美。

在习惯了凭考试成绩升学的中国，绝大多数申请人压根就不知道一篇优质的申请文书到底该是什么样的，无能力判断申请文书的所谓好与不好。什么样的申请文书是好文书？关于这个问题的讨论常常是谁也说不服谁。几乎任何一个申请过、成功过的申请人都有自己的观点，并且每个人的观点都很难被其他人驳倒，因为每个发言人都有自己的亲身经历做背书，每个人的成功经验都已经被证明是"可行的"。究竟什么样的文书才是好文书？习惯了凡事总有"唯一正解"的中国申请人不断追问，期望得到一个确切的答案。于是，有些人继续以更大的热情投入到更多、更激烈的论战中，企图斩获真理；而有些人则尝试综合身边每位经验人士的意见，想要总结出一个让所有人都赞同的好文书标准。

好文书的标准并没有一个方便理科生理解的像公式一样的答案。好文书可以有很多种，就像大电影，谍战、科幻、伦理、战争，每一个类别均有佳片。我不能告诉你什么样的文书是好文书，就像我不能总结出来什么样的电影是好电影一样，那是一种感觉。观众看完了觉得好的电影就是好电影，读者读完了觉得好的文书就是好文书。要建立对申请文书的审美，唯有多读，读得多了，自然就有感觉了。就跟一名招生官从无到有积累招生经验一样，有经验的招生官之所以有经验就是因为他读过太多的申请文书，以至于到后来，一眼扫过一篇文书就知道好还是不好。

我的第二个建议是学习和遵守商业文书写作的基本套路。

这是写作申请论文基础的基础。无论是优秀文书还是平庸文书，一篇合格的申请文书首先要是一篇合格的"商业文书"，不是各自独立的句子拼凑起来的文字，不是流水账一样的随笔，不是填空题一样的模板。GMAT考试的阅读文章篇篇都是英语商业文书的典范，推荐不知道如何构建申请文书框

不少中国申请人读一篇好的申请文书的目的就是要照猫画虎去抄袭。甚至连什么是好都不去思考就盲目地认为只要是成功申请人的文书都是好的，都有借鉴价值。实际上，每个申请人的情况不同，需要不同内容和风格的申请文书来陪衬。比如，某学生的本科专业是数学，在一所声誉卓越的大学年级排名第一，GPA几乎达到满分。这样的一位申请人显然不需要一篇逻辑严谨的强调自己的数学背景强大的申请文书；反而用一篇幽默轻松风格的文书讲讲个人的童年轶事，倒可能让这位申请人看起来更有趣。而且，招生官也是人，是人就具有主观性，每位招生官喜欢的申请文书风格必然有所差别，这种差别跟招生官的成长经历、个人背景有着千丝万缕的联系。

架的同学，借鉴 GMAT 阅读文章的行文和结构。商业文书的主要特征包括：主题鲜明，结构清晰，语言简单。具体来说，是这样的：

首先，所谓主题鲜明，包含两层意思：全文的主题明确和段落的主题明确。文章里的每个段落都在为全文的主题服务，段落里的每句话又在为整个段落的主题服务，且句子与句子之间存在简单而正确的逻辑关系。一篇理想的文章应该删掉一句话嫌少、添上一句话嫌多。很多申请人在写文书的时候既想表现自己学习好，又想证明自己性格活泼，还想顺便强调一下自己有创新精神。这么做往往会直接导致文章没有明显的主题，容易显得混乱不说，也很难给读者留下深刻的印象。

第二，申请论文应有清晰的结构，最常见的结构是"总起句法"。全文的开头，往往是第一段或者第二段，应该是全文内容的缩写；相应地，每一段的第一句话也应该是这一段内容的概要；文章的最后一段和每一段的最后一句最好呼应前文，再次强调和升华主题。结构性强的文章方便读者通过略读文章首段和每段的第一句话来快捷迅速、没有障碍地了解文章的主要内容。这种写作方法虽然看似八股，却很符合英语母语者的阅读习惯。

最后，申请文书应做到语言简单。说来有点儿可笑，中国申请人作为非母语者，却常常以辞藻华丽臃肿、句型复杂为美，爱写一句话半页纸的各种从句，爱用修辞。这是错误的。中国人传统上比较讲究含蓄，说什么都先绕弯子，谈恋爱不说谈恋爱，却说"关关雎鸠，在河之洲"，这种做法美国人既不理解，也不欣赏。英文本身就是一种逻辑性非常强的语言，语法结构、句子结构都有定式，讲究简单直接、开门见山，英语读者也很习惯于这样的文风。申请文书是一种实用型论文，以叙事议论为主，不需要什么艺术渲染。各个学校对申请文书都有词数限制，校方并不欢迎冗长的文章。招生官们也

一个中国人到朋友家做客,如果不是相当饿了,肯定不会冲上来对主人说:"我想吃你们家一个苹果。"就算是真的很想吃,也会说:"哇,你家这个苹果真是好看啊!"然后主人多半会会意地说:"好吃着呢,尝一个吧!"而美国人大多会直接提问:"我想吃一个苹果,可以吗?"

实在太忙，不愿意阅读堆砌语言却无实际内涵的文书，他们要审核的又不是申请英语语言文学的研究生。实际上，中国人写英语文章，本来就是用第二语言写作，语言表达很难做到用词地道，若再故弄玄虚地乱用词、乱修辞、乱铺垫、乱从句，招生官们看了不晕才怪。

我的第三个建议是多写多练。

没有人生来就是写文章的好手，却有很多人采用闭关修炼的方式写论文，仿佛好的文章都是在反复修改、斟酌推敲中妙手偶得的。我认为更靠谱的方式是通过大量的练习逐步提高自己的写作能力。我要求我的学生从开始准备申请的第一天起就坚持每天用英语写日记，下笔有益，无论写得好还是不好，每天都要写出点东西来，作文能力自然在不经意之间获得提升。写文章不是一件难事，只有熟能生巧，方能妙笔生花。

如此写作坚持一段时间也是积累素材的好方法。不少学生一说写文书、选素材，就一筹莫展地跟我说："老师，我短短二十年的小人生，实在没发生过什么高潮迭起的故事，就这一两个，再多没有。"然后我不得不坐下来跟这位学生一起扯人生，扯理想，从办公室扯到酒吧街，几瓶啤酒下肚，开始头晕，开始漫天胡扯。或者哭个稀里哗啦，只要到了后半夜，总能扯出来几个被遗忘在记忆角落的精彩的人生片段，往往能够写成一篇动人的申请文书。我自然是不可能每天陪学生喝酒、刷夜、攒素材的，毕竟体力有限，那就只能靠学生自己啦。跟写回忆录一样，每天找个时间安静地坐下来，不要受打扰，放空心情想想自己，写写关于自己的小故事，以后总会用得上。不要把它当成任务或者负担，回忆或者写作的时候找个咖啡馆，或者喝点小酒，甚至出门旅个行，你会发现，这过程其实还挺好玩的。

05

管理推荐人

有留学计划的同学们应该在什么时间着手联系推荐人？答案是：立刻。

在确定了留学这个大方向之后要第一时间锁定推荐人，并着手联系。人类是感性的人类，社会是人情的社会，尽早锁定推荐人的好处是可以早点开始跟推荐人搞好关系，比如在他的课上好好表现啦，在他的项目上努力工作啦，甚至是在课外时间一起吃饭一起玩增进增进感情啦。总之，拉关系的工作一定要尽早开展。

> **消失了的推荐人**
>
> 每一年，都有学生在学校的截止日期之前连夜给我打电话哭诉："啊，老师，我的推荐人不见了。"

失联的方式有很多，出国啦、旅游啦、生病啦、结婚啦……总之，就是没有办法按时提交推荐信啦。每一年，我都跟学生重复讲要及早联系推荐人搞定推荐信，不然就可能会新建一个"消失了的推荐人"的案例；然后听众往往是当笑话来听，哈哈大笑，不以为然；再然后，故事继续。

当然，这样的故事虽然急人，但绝大多数还是可以妥善解决的。闹得最大的一次事件发生在去年。我的一个学生早早联系好了推荐人，早早提交了推荐信，以为一切尽在掌握中，于是就趁着圣诞节和新年跟妈妈去日本度假去了。大家可能知道，在万恶的日本，上网是很贵、很不方便的。本来嘛，度假也不需要上网的啊，那就不上呗。

两周以后，学生回到中国翻开信箱处理邮件，一下子傻眼了。学校给他发了若干封邮件，一封急过一封，内容是背景调查，要联系教授确认推荐信的真实性，结果教授居然不回邮件！再联系不到人，学校就要将录取通知书作废了。学生也急了，给教授发邮件，一样石沉大海；赶紧回学校找人，答曰："寒假中，教授出国了。"而学生居然除了教授的信箱地址和办公室电话之外就再没有其他方式可以联系到当事人了。

我也急得要崩溃，怒曰："怎么回事！"学生就要哭了："啊，老师，其实我跟那位教授也不是太熟的，人家是院长嘛……我，也就是去找他给我的推荐信签了一个字。"

最后千钧一发的时刻，教授回国了。若再晚几天的话，一个好端端的录取可能就泡汤了。

假如好好的一封录取通知书就这么没有了,后果是严重的,教训是惨痛的。推荐人不是你能揪住他签字就万事大吉的,必须要关系好,必须要靠谱。至少,不能在关键时刻掉链子吧。

不少中国申请人都默认推荐信是应该自己写好以后拿给推荐人去签字的,这样不好。我建议学生一定要找个时间坐下来跟推荐人探讨一下推荐信的内容,这其实是一个特别珍贵的了解自己的机会。我申请的时候,就曾经几次约我的老板促膝长谈,认真地问他对我的看法,拿学校列出的推荐信问题跟他讨论答案。结果他的有些回答大大超出我的意外,不少我以为自己很优秀的地方,老板根本就没什么印象;而许多我自以为是理所当然的小事,却被老板记在心上,并放进推荐信里。这些讨论给了我很多写文书的灵感。

此外,在推荐信的细节层面,还应注意以下几点:推荐信要针对学校的题目,全面而细致地给出答案,对申请人情况的描述,越详细越好,切忌言简意赅,也不要只是堆砌形容词;推荐信所描绘的细节应该符合申请文书里申请人对自己的描述,至少不能冲突;多和推荐人沟通,让推荐人知道自己文书的思路,可以尝试从不同的侧面描写同一件事;要有真情实感,推荐信应该描写出一个活生生的人,而不是一台生物智能学习机或者自动办公设备;和简历、申请文书一样,推荐信也要注意格式,可以参考英文书信格式,或者是用商学院要求的一问一答的方式。

06

绝不倒在面试

从考试到网申表格、推荐信、文书，长达数月甚至数年的申请到了面试的阶段也就剩下最后一关了，但这一关也是最难的一关。很多学生在这个时候已经疲了累了，虽然战斗仍在继续，战士的心中却可能已然萌生不求胜利但求速死的想法了。这最后的一场恶仗，请坚持住。

关于面试，不少学生和家长有这么一种观点：很难提高，特别是很难在短时间内有实质性的提升。这想法，我又要怼了，大错特错！方法论先放一放，上例子：

> **用细节赢得麻省录取**
>
> 数年前，亲戚家的表妹申请金融专业的研究生，找我聊。表妹是四大名校的高材生，拿到了麻省理工

学院斯隆商学院金融工程硕士[23]的面试。表妹为了入读自己的梦想之校，已经努力准备了很久，但觉得水平提高有限，而且她的辅导老师给出的建议也没有特别大的帮助。面对瓶颈，表妹（迫于妈妈的压力）抱着试试看的态度给我打了个电话。那意思是，我自觉也没啥潜力可挖了，姐你（难道还能）有高招吗？

我先问表妹已经做了哪些准备，她回答说："上网去看了学校的面经，提前准备好了全部题目的答案，背熟了。"

我先是老生常谈一通自己的观点，什么背景好的申请人倒在面试中的非常多，云云。然后说："那我们一起来看看你准备得如何吧。"

第一个问题是：你为什么选择斯隆商学院？

表妹准备的答案大概是这样的：我很喜欢这个学校，品牌好、教师好、课程设计好、就业前途好；我了解到学校有个什么课外活动项目，特别有意思，我很感兴趣；我还认识几个校友，跟他们聊天以后感觉非常不错，觉得他们都好强大啊，跟这样的人做校友应该是个很开心的事儿。

我听完以后没有置评，反问道："你觉得你这么回答，有问题吗？"表妹沉默，表示不知道。

我继续追问："那么你觉得其他申请人会怎么回答？你说的学校

---

[23] 该项目几乎为全美第三难申请之商科硕士项目，第一名跟第二名连年来没怎么听过有录中国大陆申请人。

品牌、教授水平，还有那个著名的课外活动，还有校友网络，这些都没错，都是学校的优势，但是你这么去回答这个问题，能让学校感觉到你比其他人更加了解学校、比其他人对学校更加有感情吗？"表妹继续沉默。

我最后问道："如果不能的话，你怎么赢过对手？怎么获得录取？要知道那些有资格跟你竞争去麻省读书机会的人可都是中国最好的大学里最聪明的孩子啊。"

表妹听到这里终于忍不住了："那我应该怎么回答呢？"

我说："嗯，那你为什么觉得你是真的特别热爱学校，觉得这个项目特别适合你呢？"

表妹犹犹豫豫地说起来："我真的觉得这个学校很适合我。在我很小的时候就听说过麻省理工，世界名校嘛，多多少少还是有些幻想的，觉得那是超级牛的著名高等学府。等到大学毕业考虑申请研究生的时候，自然想到要尝试一下这所学校。既然要申请，我就去研究学校。先看官方网站，每一页我都看过，认真地读过他们所有的课程和教授的介绍，有好几个人我都很喜欢。又去买那些教授的书来读，真是写得非常好，太牛了！要是能去听真人讲课肯定很棒。后来，为了更加深入地了解学校，只要有学校的活动，我就去参加，在活动现场见到校友我就去跟人聊天，就这样我结识了大概十几个斯隆商学院的毕业生。我超级喜欢那些人，他们很聪明，同时又很谦虚，不会说很多话，可是说出来的话每一句都是很有水平的。其中不少校友，一听说我在申请，就说愿意帮我看看文书，出出主意，特别温暖，特别帮忙。总之我就是特别特别地希望去这所学校读书。所以现在准备面试我好紧张啊……"这次居然轮到表妹说话刹不住车了。

我笑了:"这么好的故事,为什么没打算在面试的时候讲出来呢?为什么非要写一个生硬无聊的框架答案再去背下来,以此应付面试呢。我听你说话的时候就觉得你把几乎全部的注意力都放在背好答案、英语发音好听和语法不出错上,就像一台小复读机,说出来的话干巴巴的全无感情。为什么要让自己在面试的时候表现得像个小机器人呢?为什么要让自己的答案跟很多其他申请人一样地千篇一律呢?你觉得招生官们听完几十上百次这样的表演以后还会有兴趣听下去、看下去吗?难道你是奥斯卡女主角还是你长得特别美吗?即便勉强听完,会对你留下非常好的印象吗?正确的做法其实很简单:放弃背书,说实话,谈真感情。"

此题就此定稿,我没有添一句也没有改一句。然后我们又探讨另外三道面试题目的答案。

表妹面试回来以后十分兴奋地给我打电话说,面试进行得很顺利,能很明显地感觉到,此前我们俩讨论过答案的那几道问题,她的回答让面试官很满意。因为在说到那几道问题的时候,面试官本来疲惫的神情明显地一震,眼睛也亮了,来了精神,低头狂记笔记,还看着表妹的眼睛微笑。后来的不久,表妹顺利地收到了斯隆商学院金融硕士研究生项目的录取通知书。

其实我已经反复强调,很多同学准备面试的思路本身就是错的,连我表妹这样优秀的学生也不能幸免。大家基本都是先找老师狂练英语口语,然后上网看面经,把常见的面试问题写下来背好,结果在实战的时候遇到没准备过的问题就大呼倒霉，只能临时想一个答案，活生生地把面试当作英语讲演比赛去准备。结果整个人的面试表现是数据查询方式的，遇到新题还死机，真是越准备越糟糕。

科学提高面试水平的方法是：首先建立起对面试的正确认识，然后再在这种认识的引导下准备面试。面试的本质就是跟面试官聊聊天，让他喜欢你，认可你的能力，最后决定录取你；不是考英语、不是背答案、不是搞表演。要从潜意识里彻底改变一说准备面试就去找个外教练习练习口语这种固化思维。

具体而言，准备面试有三招：练习，练习，再练习。在商学院里，顶尖牛校的就业办是这样帮助希望入职金领公司的学生们做准备的：收集招聘公司的历年面试题目，并一个个地准备好答案。不要写好答案再逐句背诵，而要充分理解题目的提问重点，列出回答要点和可以用来佐证的例子，最后练习用自己的话把这些答案要点声情并茂地讲述出来。要点有哪些，故事如何讲，都要听取许多人的意见并反复推敲才能定稿。同班同学之间经常互相模拟面试，技能提升到了一定程度以后再和高年级的同学或者校友模拟，最后和职业发展中心专业的咨询师模拟。不少学校会利用高科技，把面试的过程录下来。这样所有面试人自己意识不到的问题，如小动作、眼神等，都会被摄像机镜头忠实记录并呈现。当事人在反复观看这些折磨灵魂的录像之后，面试能力都有质的提高。在哈佛大学，学校甚至会聘请专业的演员来教学生怎样用正确的表情、姿势和发音方式来说话和讲演。完美的面试就是这样在一次次的排练中炼成的。

长大了我要读名校,准备从今天做起!这是一场马拉松,不是 100 米短跑。韬光养晦的日日夜夜里,我孤独但不焦虑,因为我知道美好的未来会来的!

第六章

论申请
持久战

留学申请，特别是名校申请，常常会是一场持久战。如果申请人等到大三、大四才开始筹备，考虑选国家、选校等问题，往往会发现要做的事情有很多，要补的窟窿则更多，许多原本做来易如反掌可为申请加分的事情已经由于时间不够而无暇顾及，只能临时抱佛脚，捞到什么算什么。其实，大一、大二的学生如果及早规划，从容准备，入读名校并非什么登天难事。这一章的内容将会帮助刚入大学校门就有明确的名校留学目标的同学找到自己努力的方向。

01

名校属于学霸

中国绝对是一个给予学习成绩足够尊重的国家。小朋友们从上幼儿园开始就要参加入园考试,然后是小学、初中、高中和大学,都要一路考上去。中国人民有一种共识,那就是学习成绩的好坏是关乎人生成败的大事,小学成绩不好就上不了重点初中,就上不了重点高中,就上不了重点大学热门专业,毕业后就找不到好工作,就没有好收入、买不上房、结不起婚、养不了儿子……总之,一个人如果小时候学习成绩不好,以后的人生就会过得很惨,没有希望。在中国,名校属于考霸,成功属于学霸。

学生考考考,自然兴旺了各路补习班。近十多年,中国社会的意见人士从未间断过向教育界隔空喊话,呼声一浪高过一浪:该减负啦,该搞高考改革啦,要学欧美搞素质教育啊,要培养复合型人才啊,不要高分低能的书呆子啊……君不见小学

生的大书包已经压弯了萌萌的脊梁？改革措施确实在落地，但却是将高考从全国统考，改为北京、上海自主命题，再改为广东等更多的省份自主命题；从考试七科，改到什么 3+2，3+X，4+X，3+1+X；从 750 分满分，改到 900 分的标准分，再回到 100 分，等等，直到改晕了全国的考生。唯独没改掉的是整个社会唯考试论、唯分数录取的基本价值观。同时，各高校也涌现了大批特招生，什么体育特长生啊、竞赛保送生啊、绝技加分生啊，一时间神州大地，五花八门的原创竞赛层出不穷，直到新的声音站出来，反对大学借名目繁多、不知所以的竞赛和奖项乱录取、乱加分的教育不公平现象，于是中国高考再度回归纯拼成绩的路线。热闹噻！

再看人家欧美资本主义国家，无论公立学校还是私立学校，大学一直都是自主招生，随他去暗箱操作，随他去想录谁就录谁，不欠公众一个解释。有趣的是，即便是有如此高的自由度，为了维护排名、维护择优录取的公众形象，外国名校都会非常自律地做到严把招生流程，录取以分数为纲，分低就是不要，本科 GPA 不高是申请名校研究生的硬伤。几乎所有的欧美大学，都会在官方网站上公布每一届新生的 GPA 成绩和标准化考试成绩的统计数据，精确到各个学院、各个专业，或者干脆明确提出录取最低分的要求，不达标的请绕道。名校们毫不掩饰地公开宣称，我们只录取综合实力强的学生，非学霸请绕行。

在大学里保持优秀的学习成绩到底难不难？我曾经以为，在大学里大部分学生都像我一样忙忙碌碌谈恋爱、混学生会、做实习，享受最美好的青春。除了保研党和出国党，没有人会太在乎学习成绩怎么样，因此考试压力并不大，只需稍加重视，就能获得耀眼的 GPA。很多年以后，通过一个偶然的机会我才发现，这种想法实在很天真，而学霸的世界我根本不懂。

2012 年的某天，我与中国某顶级大学的一位校友相约吃早餐。我本人爱睡懒觉，很讨厌早餐会，特别是发生在周末的早餐会。不巧那天，北京迎来了整个冬天的第一场雨夹雪，出租车纷纷满员，偶尔有一辆空车驶过，却示威一般亮着红灯不拉客，并且很气人地在意欲打车的行人面前稍稍减速，溅起一串泥水再扬长而去。那个时候，我刚刚从香港搬回北京，人生地不熟，国内还没有滴滴打车或者人民优步这等叫车神器，于是，在乍寒的十一月里穿着带花边的大衣、短裙和高跟长筒靴子就出了门的我，为了按时赴约，只好艰难地，高一脚、低一脚地踩着被雪水和出来稀泥的路面，冒着随时被西北风吹走的风险，徒步奔赴燕莎桥下的星巴克，一路上都在心里抱怨。好容易走到了目的地，坐下等了十分钟，一贯守时的朋友居然还没有到！这真是一个糟糕透顶的日子！我是急性子，讨厌早餐会和不准时的急性子。那一刻，我感到自己随时就要爆炸了。

又过了大约十分钟，朋友终于远远地出现了，而我也已经准备好了一箩筐骂街的话。没想到的是，那天我根本再也没有什么开口的机会。他很淡定地靠近我的桌子，一边脱去外套，一边掸落身上的雨水和雪花，然后平静地说："对不起，来晚了。刚才走出家门口的时候遇到一个跳楼的，就停下给110和120分别打了个电话，耽误了一会儿。没办法不打，人就落在我眼前几米的地方。还好没有砸到我，不然就不止迟到这十几分钟了。"

"啊，跳楼？"这个消息果然成功地转移了我的注意力。特别是当他说"跳楼的"这三个字的时候那种波澜不惊的语气，就好像是在说"晨练的"或者是"摆摊的"。接下来，我本该问问他"你还好吧""跳者何人""为啥跳啊""惨状如何"之类的问题，但是一个更大的疑惑让上述所有问题显得苍白而平庸："你怎么能这么淡定地面对一个人的生死和一个本可以要你命的意外？"

"好心态嘛，那都是锻炼出来的。"听我这么问，他一边坐下悠悠地叫了一杯咖啡，一边跟我谈起了他的大学生活：

校园极端事件

所谓见怪不怪，也就是说，甭管什么事儿见多了你都能习惯。

那时候我正在上大一，也是一个初冬的早晨，跟今天差不多。室友出去晨练，像往常一样的时间出门，却比往常回来得晚些。眼看上课要迟到了，我催他快走，他却一边换衣服一边跟我说"刚才路过主楼，远远看到一个跳楼的。真的跳啊！这才第一学期。我赶紧跑去保卫部报告保安（那时候哪有什么手提电话），就回来晚了。走走，赶紧上课去。"

很快知道了死者的身份，是我们一个系的女生，隔壁班的。姑娘黑黑瘦瘦的，很淳朴，来自一个小山区，从小学、初中到高中，一直都是全校的第一名；这上大学才不过一个学期，就有好几门课不及格，面临退学压力受不了，就跳楼了。同学们一番感叹，原来迎新会上师兄、师姐说每年总有跳楼的，所言不虚。而且，那天我才知道，我们学校有一个专业收尸队，一接到警报，就带着预先置办好的专用黑色编织袋火速赶赴现场，只要五分钟，一切搞定。并不会像电视里那样为了保护现场先把尸体围起来，从而给吃瓜群众留下什么围观的机会。

这还不是唯一一起跳楼事件。这事发生不久，有一天我去"卧伍真"修车铺给自行车轮胎充气，看到一个无明显外伤的哥们儿扛着一辆车筐和车前轮均被扭曲成了S型的惨不忍睹的自行车来找老板。这是撞上了什么样的铜墙铁壁啊？我忍不住问。

"真够倒霉的，我跟你说，以后再也不能把自行车停在主楼下面了。

> 这不是么，被一个跳楼的给砸扁了，没啥修的价值了，估计换前轮的前都够买辆新的了。"说这话的时候他一脸无奈，而专注于自己的轮胎。
>
> 接下来的一个月，辅导员主动找班上和系里学习不好的同学们聊天摸底，说是因为今年大一新生跳的比较多，组织派下了精神安抚学生的工作，以防止当年跳楼的人数超标。
>
> 大二刚开学的时候，我老家来了几个公安，说我的一个同乡，也是我校在校生，放假在家的时候收到了学校寄来的成绩单，知道分数很不理想，一时想不开，卧轨了。大概是因为老家那边穷，没有什么高楼可以跳的。这几个公安为此来学校调查情况，并顺便办理户口手续。
>
> 这是我上大学期间身边发生的几个案例，还有很多我学校和隔壁学校的自杀案例，坐在这儿说一天也说不完，基本都是学习压力太大闹的。所以其实前几年我看媒体铺天盖地举国声讨某企业因工作环境的枯燥和压力，一年内有数十位员工跳楼轻生的案例的时候，就一个感想：我母校按住媒体的能力的确很牛。有人私下统计过，我校平均每年都能跳十个，毕竟我校学生总人数不过才一万多，人家某企业员工有 120 万呢，若论百分比，我校还算比较低的了。

听罢友人的陈述，我真是不知道该说什么了。突然想起我上大学期间其实也遭遇了一起跳楼事件，还亲自去事发地点勘察过，想看看有没有血迹什么的。后来了解到，主角并不是我们学校的，是隔壁学校的博士生，因学习压力太大，未能毕业，想不开，特意过马路来到我们学校借楼一跳。因为他们学校楼太低，怕跳了以后残而不死太麻烦。当时这事在我们学校颇轰动了一阵子，主要的讨论点有二：一是，以前没意识到，原来我校残破的主楼在高度上还挺骄傲的；二是，怎么能跳楼呢？成绩不好毕不了业怎么了？美国名校不都流行辍学的嘛。那时正是通信运营商崛起和互联网泡沫吹得最大的风口，我校的很多同学都在相关行业打工或者创业，每天思考怎么融资、怎么赚钱和怎么尽快在纳斯达克上市，忙碌得没什么时间拼成绩，更没考虑过考试成绩不好了、丢人了可能还需要跳个楼。

反思一下这些过往，我意识到友人母校的毕业生因为成绩优异受到海外各大名校的青睐实在是实至名归。人家一流名校的同学们有着"考不好，毋宁死"的精神，而我校的同学们则常以低空飞行（指考试成绩无限接近60分但就是不挂科）为荣耀，这就跟警察在大街上徒步追捕杀人犯多半追不上的道理是一样的：前者不过是打份工，后者那可是在逃命。论成绩，谁能拼得过愿以生命来考试的好青年啊。来，让我们一起向学霸君致敬。

中国名校爱高分、爱学霸，外国名校也一样。无论你现在身在学霸扎堆校还是学渣聚集校，如果你有计划毕业后申请外国名校，就要尽早着手搞好本科成绩。一般来说，要申请名校商科研究生项目，本科GPA[24]达到3.5分是参与竞争的底线，通常要到3.8分以上，甚至是满分才安全。除了本科成绩，一些项目对先修课程也有要求。不同研究生项目要求的科目不同，少则一两门，多则三五门。打算出国深造的同学应尽早定位目标学校和专业，以便制定好本科的学习计划，不要等到大三、大四申请前夕才发现受到先修课程的限制，许多自己喜欢而竞争相对不激烈的学校和项目都不能申请，则悔之晚矣。

此外，在埋头苦学之前，申请人有必要详细了解GPA的计算公式。我们在这里热热闹闹地谈论了半天GPA，相信不少同学也知道这三个字母所代表的意义，但你知道这个数值往往在2到4之间、有两位小数的数字是如何被

---

[24] 国际通用的本科成绩算法，满分4分。

计算出来的吗？受国际化影响，一贯采取百分制的中国各大高校现在基本都有自己的官方 GPA 换算公式，有些大学甚至直接在成绩单上标注出学生的 GPA 分数。为了统一换算标准，不少外国学校会要求中国学生做本科成绩认证，比如 WES 认证，以认证得分为准。GPA 的换算[25]也有不少学问。第一，百分制是精确的，84 分和 85 分相差一分，而 GPA 是分级别跳数字的，可能 84 分等于 3.0，而 85 分就等于 3.5，差之毫厘谬以千里，所以关键的考试一分也差不得；第二，GPA 是加权平均的，一门六学分课程的考试成绩的权重是一门两学分课程成绩权重的三倍，说得简单些，一门课每周上课次数越多，这门课越不能考砸；第三是相关性问题，与申请专业相关的课程，还有本科专业的核心课程，GPA 权重更大。有不少同学为了拉高 GPA，故意选择一些简单易学的选修课，并跟任课老师搞好关系，来个高分，这样做对整体拉高 GPA 有帮助，但不会很大；第四，在任何情况下，不要出现 2 或者 2.5（当然更不能是 1），这个分值对应的可能是 70 分或者 75 分。要知道，一个 2 字头的分值，对 GPA 得分的整体拉低作用将会非常明显。

---

[25] 关于百分制如何换算为 GPA，请参考各大高校的公式，或者参阅 ChaseDream 网站开发的 GPA 计算器，百度搜索"GPA 计算器"即可。

02

不能不混学生会

如果一个学生的简历上没有任何学生会、学生活动的痕迹,那也是不好意思申请外国名校的。外国学校都会要求申请人填写一份申请表格,表格中要求学生清楚地列出曾经参加过的学生会活动,花了多少时间,任什么职位,有什么成就。如果没有,也不能把表格的相应栏目删除,而只能留白,或者写上"我没有",尴尬吧。有些学校的表格还会不依不饶地追问,没有学生会活动的话,那有学生社团活动吗?有任何课外活动吗?官方和非官方的?山寨的?任何形式的?都没有,一片白,尴尬死了吧!

名校重视什么样的课外活动经历?是不是写在简历上的各种炫目的头衔——学生会主席、某协会创始人、某项目策划人?部分正确。头衔是一个人的领导能力、工作能力和在社团活动中的贡献的直接反映。头衔之外,学校更看重一个人实际上做了什么，以及通过这些经验所获得的成长。不少学校会要求学生在申请文书中具体讲述一段担当领导职位的经历，包括在什么情况下成为领导、做了哪些事、怎么做的、遇到过什么困难、怎么克服的、有什么感悟等问题。同样的问题还可能在面试的时候再次出现。如果在这段经历中，你扮演的领导人的行为方式是中式的，主要负责把握大方向，除了讲务虚的话之外并没有做务实的工作，最终不过因为年龄大、资历深而得以把自己的名字写在功劳簿的第一位上，那这样的经历在名校眼里是不值钱的；还不如你是一个毫无名分的小兵，却承担了重要的职责，鞍前马后没你不行地把事情搞定。说到底，混学生会，事不需多，一件就够，衔不在高，实干第一，领导的名分远不及实际的责任来的重要。

除了为留学申请添加筹码，大学生积极参加学生会和学生社团还能获得很多实际的好处。

一来，学生会的本质就是一个民间官办组织，是基层民间化，高层官办化的。加入学生会并在其中逐渐担任要职，是草根出身的大学生进入特权阶层、进入政治圈的通道，也是大学生锻炼领导能力和口才的好平台。无数中外政要都是名校学生会干部出身：不少参与了新中国成立的革命家是从参加学生运动开始闹革命的；历任国家领导都有在学生会任重要职位的经历；奥巴马在哈佛法学院念书的时候是《哈佛法律评论》的主席；等等，还有很多，请自行百度。

二来，不少社团组织都为其成员和高层管理人员提供奖学金和留学、访问、实习的机会。几乎每所高校都设有只发放给学生干部的奖学金；一些社团选送其优秀成员出国交流或者去名校访谈（当然是免费的）；一些社团与外国大学、科研机构、教授联系紧密，直接推荐成员优先获得研究生院的录取和奖学金；一些社团则与企业交往密切，能够帮助成员获得实习和高薪工作机会。

美国第43任总统乔治·布什先生，在高中和大学的时候都是多个学生组织的成员，据维基百科记录，布什先生在Phillips Academy高中就读期间曾任拉拉队队长。三岁看老，在学校头衔没混好，后来当上总统也是成就平平。

这类好处往往仅限内部人士，外人不仅没有机会获得，且很可能到毕业都不知道在大学的校园里曾经有这样的好机会。

总而言之，名校青睐学生会骨干，是因为这些人未来更可能获得成功，这样的例子多到简直列举不过来。

业界大佬都混学生会

地球人都知道中国的创业榜样ATB（指阿里巴巴、腾讯、百度三家）公司有三位传奇的掌门人——马云、马化腾和李彦宏。马云曾任杭州师范学院的学生会主席，李彦宏曾任北京大学校学生会组织部的副部长，都是"大干部"出身。国民创业教父马云的创业历程跟他的学生会经历颇有渊源。

马云小时候偏科很严重，英语很强，数学很烂。因为被数学成绩拖后腿，马云前后三次参加高考，都没考到本科录取线——第一次数学考了1分，第二次数学考了19分，据说第三次有了质的飞跃考了79分，实现了数学成绩300%的提高；无奈距离本科录取线仍有5分的差距，幸好英语成绩拔尖，才幸运地被杭州师范学院新设立的英语系破格录取。大学期间，马云连任三年校学生会主席，两年杭州市学联主席。马云在任期间，学生会经费微薄，一年只有区区150元；他却想出各种办法，协调多方资源，硬是用这150元钱搞出了许多学生活动，成了群众信任的领袖；同时也因为手上有权力、有资源，又爱给同学帮忙，建立起了良好的个人人脉。

毕业后，马云是先当了很多年的英语老师，才下海创业的。总结他早期创业的成功经验，有两个关键因素：第一个是做社团，第二个是出国长见识。

先说做社团。马云创业的源头，可以追溯到他大学期间在西湖边搞英语角。作为英语角的主办者，他挺出名，也结识了很多人，其中有不少是来中国做生意的外国人。有一对澳大利亚夫妇很欣赏他，出钱资助他完成了大学学业。下海后，马云创立的第一家公司就是与英语相关的，叫海博翻译社，主要从事外贸翻译工作。

再说出国长见识。因为创办了外语角和翻译社，马云的身边有很多外国朋友和客户。之前提到的那一对资助他完成大学学业的澳大利亚夫妇还曾邀请他到澳大利亚参观，这是马云第一次出国。马云第一次去美国也是翻译社的业务，有商人聘请他作为贸易谈判的翻译随行。美国之行，让马云看到了许多商机，互联网创业的灵感也来源于美国。从美国回到中国以后，马云着手做了一个与互联网相关的创业项目，叫作中国黄页。这个创业卡位真可谓是超级前瞻、超级风口，因为实际上，中国互联网的历史是在马云做中国黄页之后的三个月才正式开始的。不久以后，马云卖掉所持有的中国黄页的全部股权，到商务部去工作，负责中外网络交流。在当时的中国，大多数老百姓还根本不知道互联网是什么。在商务部工作期间，马云的人脉圈子也拓展到了中国的最高权力阶层。就这样，马云集齐了资金、人脉、眼界三颗龙珠，带着他的十八罗汉团队从北京回到杭州，开始了阿里巴巴的创业旅程。

看到了吧，国家元首们在混学生会，商界大佬们也在混学生会，类似的数据外国名校早有统计。计划申请商科名校的同学们应该趁着大一、大二及早加入学生会，热火朝天地干起来，保准不白干。

"领导力"是外国名校十分重视的个人素质，这种素质大多通过学生在各种学生组织中所扮演的角色来体现。

做学生会工作也有方向性，最好选择与自己未来的职业发展相关的学生活动，比如如果你的职业发展目标是开一家航空器械公司，那么学生会的职务最好就是航空协会主席。很可能，作为一脸迷茫的大一新生，你并没有明确的发展方向。这也正常，可以向学长和成功校友咨询，也可以一边做事，一边思考，慢慢寻找，只要怀着不断尝试和寻找的态度向前走就对了。但是东一榔头西一棒槌那种没有明确主题、但求到此一游的学生会经历，对名校申请却不是什么重大加分项。

03

只实习不打工

名校看重实习经历。注意，是实习，不是打工；是有计划的自我提升，不是不挑食地赚小钱钱。

每每聊起这个话题，不知怎么地，我都会想起大学时候一位反复定期出现在大食堂的女生，印象之深刻可以记上一辈子。容我先跑题说一说她的故事。

姑娘个子很高，大概一米七的样子，瘦瘦的，长发及腰；长相说不上是惊艳，但可以轻松划归美女的行列；气质不错，属于小家碧玉款。我第一次注意到她是在食堂吃午饭，她袖子挽得高高的，戴着一副长度及肘的塑胶手套，一手拎着水桶，一手拿着抹布，在同学们就餐完毕拎着饭盒走开以后去擦干净白色长条桌上留下的菜汤剩饭。后来有阵子几乎每天午餐都会看到她。工作的时候，她总是用一种很酷的姿势在桌子和椅子之间夸张地斜着肩膀穿行，并不时地把她的及腰长发左甩右甩，面无表情，眼神犀利，甚至会偶尔带着高傲的气质翻个白眼——当然不是为了翻给任何人看，只是一个无害的自我表达。后来发现，整个午餐的时间她都会那样擦桌子。

我俩的宿舍房间在同一层（我上大学那会儿，我母校就只有一个女生宿舍楼，所以全校女生都是楼友），相隔不远。从那以后，我每次在食堂见到她总是下意识地觉得不好意思，远远地躲开，生怕她知道我其实看到并且注意到了她的存在。大概是因为我觉得她本应该略显羞涩尴尬地躲开我的目光，而她恰恰没有，所以只好换我羞涩尴尬地主动躲开。她做这份工作是因为她家境贫寒，一年5000元人民币的学费也负担不起，上学需要资助；而学习又不足够好，不能拿到奖学金，只好去勤工助学中心登记，接受学校的微薄资助和做好分配给她的任何一项工作。勤工助学项目僧多粥少，学校无法提供足够的岗位，于是在图书馆、阅览室、老师办公室的空缺都填满了之后，只好把她安排在食堂擦桌子。我不知道她是真的像她自己表现的那般不在意这样一个工作岗位，还是因为生活所迫没的可选，反正我深深觉得不管怎么说，大家都是同学嘛，为什么我们吃饭的时候却要别的同学擦桌子呢？实在不公平。她需要多么强大的内心来接受这份工作啊！

这件事情在当时其实是被大家低调关注的。因为此后有一次我在学生会搞模特比赛，有人推荐她参加，说了半天名字我却无法对号入座地回想起当事人是谁；对方急了只好说，就是那个在食堂擦桌子的高个子妞儿。哦！这句话一说，在场的人都纷纷点头表示明白是谁了。即便到了现在，我依然记不住她的名字，却无法忘记她擦桌子的样子。

像这样的行为就是打工。工作的性质就是出卖低附加值的体力劳动，学不到什么东西，更谈不上积累什么经验，纯为钱，纯耗费青春。这不是实习，不是那种对申请外国大学很重要、很加分的实习。虽然同样是利用课余时间参与社会工作，同样可以收获一份报酬，打工和实习有着本质的区别：一个为眼前，一个为将来；一个为钱图，一个为前途。

外国大学非常看重实习，认为一段像样的实习经历是每位大学生的必修课程，要的是简历上的经验，与赚钱无关。学生实习，通常是利用课余时间，比如夏天的长假期，进入与所学领域相关的公司、岗位，几乎像一个正式员工一样参与日常工作，以获得实际的经验。在美国，每所大学都有就业办，负责组织公司到校园招聘实习生，帮助学生修改简历和准备面试。在法国，学校甚至会给每位在校学生半年的连续时间，用来到企业里实习。外国名校的校长，为了给本校学生争取更多知名企业的实习机会，会定期拜访企业高管和校友、拉关系、做推销。校方鼓励学生们去实习，一来希望他们尽早找到自己的职业兴趣，二来希望他们为毕业求职积累筹码。著名企业也会认认真真地组织实习项目，在暑期为大学生提供临时性且有价值的工作机会，进行大规模的实习生岗位校园招聘活动，还邀请优秀学生参加职业培训、公司参观、高管座谈、正式晚宴和酒会等活动，希望与优秀的学生早早建立关系，以便抢先签约顶尖人才。有不少牛企，仅通过实习项目筛选正式员工，没机会实习几乎等于没机会加入，比如各大顶尖投行。

不少外国名校为了帮助学生获得有价值的实习或工作经验，也会在校内为学生创造工作机会，比如设立创业孵化器，免费为学生提供办公场所，出人、出资、出资源、出主意，帮助学生开创自己的事业。在美国，校园创业很流行，成功案例不胜枚举，微软、脸谱、谷歌和雅虎，全都是从在校大学生的创业项目开始的——前两家公司的创始人都为了照管自己的公司从哈佛退学了，而第三家公司的创始人则是斯坦福的辍学生。

总之，无论工作还是创业，外国大学会努力为学生搭建平台，鼓励学生尽早融入社会，在商业中学习商业，并相信这是最佳的成功之路。

八百八十八万美元中式豪捐

如果2010年1月4日中国互联网媒体没有被一则"八百八十八万美元中式豪捐"的新闻集体刷屏，可能许多中国人永远都不会知道张磊这个名字，也不会知道高瓴资本这个基金。新闻上如是说，耶鲁大学中国校友张磊，向母校商学院捐款八百八十八万美元，成为中国校友以个人名义向耶鲁做出的最大单笔捐赠。实际上，这笔钱在美国名校的捐款里论数额真的不算大，若不是出自中国人之手，也不会获得这么多的媒体关注。作为资深留学咨询从业人员的我，自然按捺不住内心的好奇要去八卦一下张磊其人其事。

张磊，河南省驻马店人士，我的老乡，年轻的时候也是个学霸，是1990年驻马店地区高考状元，高分考取了中国人民大学国际金融专业。他于1998年到耶鲁读书，2002年毕业离校。根据网上公开的信息碎片拼凑，张磊最初赴美读书，申请的应该是耶鲁大学国际关系领域的博士；但他在拿到硕士学位以后放弃了博士，转而到耶鲁管理学院就读MBA。

因为家庭不富裕，为了支付MBA的巨额学费，张磊一边读书，一边寻找各种打工的机会，努力赚钱。从本科生经济学助教到汉语陪聊，来者不拒。在张磊攻读MBA期间，他得知耶鲁大学基金投资办公室有实习生机会，就去争取。其实，这个办公室通常并不招收MBA在校生来做实习，张磊的加入，是首席投资官大卫·史文森（David

Sewensen）先生的一次破例。

为什么张磊能够获得这样的破例呢？

首先张磊这个人很会搞人际关系，也很有见识，属于那种能够获得陌生人赏识的类型。耶鲁大学基金（Yale Endowment）投资办公室的高级主管迪恩·高桥（Dean Takahashi）曾对媒体评价张磊"极具眼光"。在耶鲁读书期间，大概是2000年到2001年的时候，张磊创立了高瓴俱乐部，这个名字取自高瓴大道（Hillhouse Avenue）——耶鲁大学在这条街上拥有数栋19世纪的建筑物，张磊常常在这里听课，很有感情。通过这个俱乐部，张磊联系了众多中国知名创业家，包括马云、马化腾和李彦宏等。要知道，在2000年那会儿，腾讯还是一家虽小有名气但纯靠烧钱的互联网创业公司，马化腾日夜担心的是随时可能断裂的资金链。这么牛气冲天的一件事，可是张磊在耶鲁商学院读书期间做的。

此外，张磊很勤奋。他欣赏巴菲特的价值投资理论，喜欢深入研究一个行业、一家公司，很喜欢通过实地考察、财报、数据分析等多种手段把行业和公司吃透。在他为耶鲁大学基金做实习期间，一次被派去调研美国的木材行业，几周后回来，他交出的是一份一英寸厚的报告。

张磊的成功还得益于傍定了牛人。带他进入投资领域的导师大卫·史文森（David Swensen）先生可是一位业界大佬。1980年前后史文森从耶鲁获得博士学位以后到华尔街打工，为雷曼兄弟工作了六年，负责管理公司掉期产品的交易。1985年，史文森离开华尔街，回到母校担任耶鲁大学捐赠基金首席投资官。在投资圈，史文森名声

> 2014年，华尔街日报刊登文章Harvard's Asian Problem[26]，报道了犹太裔学生起诉哈佛大学事件，称后者在录取中有针对亚裔的种族歧视现象。豆瓣[27]上有人转贴了一篇文章分析这一事件，可以一读。文章称亚裔藤校毕业生成就不高，又小气：根据www.chronicle.com网站所公布的数据，从1967年到2015年，藤校加上麻省理工学院（MIT）和斯坦福大学（Stanford）所收到的总数达100亿美元的大额捐款中，白人捐款比例为63％，犹太裔为24％，而亚裔的比例则仅有6.8％；捐款总人次为79人次，其中白人占54％，犹太裔占33％，而在美亚裔则只占近1.3％（即只有可怜的1人次）[28]。因此，张磊的这笔捐款数额可谓中国校友给出的"天文数字"。

---

[26] 原文链接：http://www.wsj.com/articles/harvards-asian-problem-1416615041
[27] 原文链接：https://www.douban.com/note/529111879/?type=like
[28] 我没能在chronicles上找到原始数据，只查证到豆瓣所转贴的文章，原文由SMG美国新闻中心的汤颋提供。

和威望之大，可说不输巴菲特、索罗斯等人。在全球私募股权投资基金（PE）行业权威研究机构PEI（Private Equity International）发布的《2001—2011十年总结报告》中，曾甄选了100位在过去十年对全球PE行业发展有历史意义的人物，排名第一的是美联储前主席艾伦·格林斯潘，位列第二的就是这位史文森先生。史文森当选的原因是他在执掌耶鲁大学基金的三十多年来，大胆采用多元化的投资策略，使耶鲁基金超越了简单的股票和债券投资，融入了PE、房地产和对冲基金等多种投资组合，成为美国大学基金回报率中的翘楚——连续十年11.8%，这简直是一个让华尔街无数基金经理蒙羞的数字。2009年，史文森又被奥巴马看中，被提名加入白宫经济复苏咨询委员会。

史文森搞改革创新魄力十足。在2005年，也就是张磊从耶鲁毕业仅仅两年多以后，史文森执掌的耶鲁基金就出资3000万美元，支持张磊在中国成立了高瓴资本，专注于中国企业的股权投资。同年，张磊回国，投资了腾讯。那一年，这只小企鹅的估值还不到20亿美元，如今其市值已达3000亿美元。张磊还是京东刘强东最早期的投资人之一。据互联网公开消息，高瓴资本目前管理的资产总额已达80亿美元。

把时间推回到2010年，就有了张磊豪捐耶鲁事件。用他本人的话说，耶鲁是他人生的转折点。

你看，在读书期间把握机会好好实习对一个人一生有多么大的影响啊！学生应该通过实习，为将来的职业发展打好基础，这早已经是外国名校根深蒂固的观念。虽说在中国，多数企业并没有成熟的实习生项目，但这并不影响外国名校招生官在录取学生的时候着重考虑申请人本科期间的实习经历，并把它作为度量一个学生未来成功可能性的标尺。

看了张磊的故事，你可能会说："老师，那是人家运气好啊！毕竟全世界只有一所耶鲁大学，一位大卫·史文森先生。在一个平凡人的生活里哪有那么多的好机会每天等着我？像样的好实习该怎么去找呢？这一年到头，根本就没有知名企业来我们学校招聘实习生啊。就算有，那么几家企业几个职位，僧多粥少，都盯着呢，我抢不过。"

其实，关于找实习的流程，各大高校就业办都有介绍，做好简历投简历，投好简历等面试，很标准，没什么深奥的。要找到好实习，先要能写出一份养眼的好简历，再就是准备好面试，也没什么高科技。没有公司来校园招聘，就自己主动走出去。我在我的朋友圈子里，每天看到的都是名企抱怨靠谱实习生难找。要说有什么捷径，那就是建立良好的个人关系网。

21世纪的中国最重要的无形资产是什么？人脉！找实习靠实力，更靠人脉。一个大企业人力资源部门招聘初级员工的工作目标往往是这样的：用最少的成本、最短的时间招聘到"符合岗位要求的人才"。很多初级岗位实际上是谁都能干的，几乎不存在一份工作必须苦苦等待一个最合适的候选人。称职的是大多数，被录用的却是极少数。假设你已经能够胜任某大公司的某项工作，该怎样做才能成为那个从无数合格者中被企业用最少的成本、最短的时间招聘到的幸运儿呢？

越大的公司，招聘流程就越繁琐。一旦业务部门发现某岗位有空缺，用人主管就会向公司申请增加人手，这个需求会被一级一级地向上汇报，直到获得决策层的同意，形成一个招聘计划。之后，招聘计划被转交至公司的人力资源部，由HR负责发布招聘广告，等待简历。然后，人力资源部的工作人员阅读简历，并按照他们对这个职位的理解择优安排面试，再从面试官那里收集面试反馈意见，比较后做出录用决定。整个流程平均持续若干个星期或若干个月。在这个绕圈折腾的过程中，用人的关键决策者，即用人部门的主管，却被放在决策链的两端，不知所以地干着急。设想如果一个合适的人才刚刚好认识业务部门那个有招聘需求的主管，事情是不是会简单很多？或者一个优秀的大学生刚好跟人力资源部门的姐姐们关系很好，那么一旦有适合他的空缺是不是会被第一时间推荐给用人部门？

所以，要找到一份好实习，结识企业中高层干部和人力资源部的招聘专员就是捷径。怎么结识呢？多参加学生会的活动，往往有赞助企业的领导和代表到场；多跟毕业的师兄、师姐联系，吃饭、唱歌、郊游，拉近感情，他们就是中层干部，就是人力资源负责人；积极参加公司举办的各种竞赛，一展长才，最重要的是，多在高大上的公共活动上出现，什么校友见面会啊、成功企业家座谈会啊，并且一到场就积极跟讲演嘉宾或者周围的前辈搭讪聊天。人脉就是这样一次一次地攒起来的，机会就是这样一个人一个人地聊出来的。

04

兴趣爱好也是申请亮点

大学生的课余时间除了用来学习、参与学生会、实习、谈恋爱，还应该用来发展自己的兴趣爱好。我说的兴趣爱好是真正的兴趣爱好，是你发自内心喜欢做的事情。想做什么，就去做什么，兴趣爱好只要发展得好，也会成为申请名校的筹码。

在我的日常工作中，常常会遇到并不太自信的学生，他们来到我们的办公室跟我们讨论申请的时候总是这样说："老师，我本科学校一般，成绩平平，出国考试分数没有太高，也没有牛企实习。我没有亮点。"每当此时我都会问："那你有什么兴趣爱好吗？或者有什么事是你做得特别好，比一般人都要好的？任何事！"我们用这样的思路为许多学生争取到了超越他们期望的名校的录取。

拉风的小宠物

某经贸大学是一所留学气氛浓厚的大学,不少同学的申请目标是名校商科研究生。每年,我们公司都有不少学生来自这所大学。

一次,一个大三男生跟妈妈一起来咨询留学申请。此男生成绩说不上优秀,不是学生会的干部,也没有什么耀眼的实习经历,且性格内向。坐下聊了差不多一个小时,他一共也没说几句话。关于出国,他和家长的心态都很好,自知背景一般,尽量争取一个好点的学校就行。

"这孩子啊,自己一点儿也不着急,都要大四了,每天就知道回家伺候他的变色龙。"妈妈说这话的时候略显焦虑。"是蜥蜴!"孩子终于开口了,"蜥蜴!"很明显,为他的小宠物们正名是件非常重要的事。

这个细节引起了我的兴趣,于是我赶紧追问,发现孩子是个资深蜥蜴迷,从小就很喜欢这种迷你爬行动物。征得了妈妈的同意后,从中学起开始自己在家饲养,什么长鬣蜥、绿鬣蜥、巨蜥,越养越多。直到成为发烧友,掌握了养蜥蜴界的最高端技能:人工孵化蜥蜴蛋。上大学后,他在同学间众筹了一笔启动资金,在淘宝上开了间别具特色的蜥蜴宠物店,生意做得红红火火。

这份经历真是太有亮点,太有趣了!能把养宠物做成一桩生意,这可不就是商学院最看重的"商业天赋"么!于是,我们将养蜥蜴的故事提炼成学生申请文书的故事主线,效果很棒。最后,这位学生成功入读美国 Top30 的商科名校热门专业,是他们学校那一届同学中录取结果最好的。他的妈妈高兴得多次给我们打电话表示感谢。

类似这样的故事我还能讲出一大堆。其实，几乎所有成功入读顶尖大学的同学都拥有一个很特别的只属于他们自己的人生故事。"老师，您说那些外国名校都是怎么想的啊？养蜥蜴养得好为什么就能优先进名校？"不少同学听到这个案例都表示不理解、不服气。难道我的成绩、我的硬件不是进入名校的关键？其实我一直都在宣扬一种理论，硬件好并非进入名校的充分条件，硬件是基础，亮点才是关键。

你可能也听说过，外国名校录取的中国学生的平均标准考试成绩远高于本地白人学生。实际上，中国学生高的可不仅仅是考试成绩，而是各项指标，包括参加的课外活动、获得的竞赛奖项，统统做到了更多更好。为什么呢？你可能被告知，这是因为中国学生能力强，大家成绩都很高，背景都很好，于是录取标准集体水涨船高。这个答案并不完全正确。

《洛杉矶时报》上曾刊登过一篇来自当地一家专门帮助华裔子女申请美国名校的机构的文章，用数据和案例深入解析了名校对亚裔提高录取标准的现象，很是有见地。原文是这样的：

"Is it harder for Asians to get into college? The answer is yes ...Everyone is in orchestra and plays piano. Everyone plays tennis. Everyone wants to be a doctor, and writes about immigrating to America. You can't get in with these cliche applications."

说好的中文翻译如下："亚裔是否更难入读美国大学？的确是……他们每个人都加入了合唱团，每个人都会弹钢琴，每个人都打网球，每个人都想要当医生，并且每个人都在自己的申请文书中谈论移民到美国的艰辛历程。这样的申请材料可无法获得录取。故事太雷同啦！"虽说我们是在中国申请研究生，但问题的本质是一样的：中国学生太爱一窝蜂地去做"对的事"

了。大家一起研究做些什么可以被名校录取,然后一起去做,却极少被给予空间和自由去关注自己,做自己喜欢的事情。感谢互联网、感谢高科技,现在有大数据了,关于所谓"名校喜欢什么样的申请人"的研究结果可以更加精准了。于是,千千万万个雷同的申请人诞生了,同卵多胞胎一样难辨你我。于是在招生官的眼里,这些精心准备的背景和经历,不过是"又一个亚裔申请人",没什么特别的。

所以我会拼命鼓励我的学生去发展自己真正的兴趣爱好。美国人相信,追求自己的梦想,做自己真正热爱的事业,才能获得真正的成功。成功人士这样说,整个社会舆论也这么宣传。

05

追寻生命的意义

我讲到了学习，讲到了学生会，讲到了实习，讲到了兴趣爱好，但我从来不想用这些条条框框把学生圈起来，说："来，你就这么做吧，把自己装进名校最爱的模子里，努力变成这个形状，就能获得名校的青睐。"名校的学生确实有共同点，但名校要的从来都不是量产货。

让我们暂时把申请这样宇宙间最无足轻重的小事放下，谈谈人生，谈谈理想吧。你的人生目标是什么？中国的孩子几乎从小到大都不去想这个问题，有一天冷不丁被人问到，还很吃惊。如此重要的一个问题，为什么你以前从来没有认真想过？为什么你现在认真地想却想不出答案？要知道，只有找到这个问题的答案，一个人才算真正地开始活着。

大学毕业后，我曾供职于世界500强的企业、管理咨询公司和投资银行，最后任性辞职，来做留学咨询。很多同学

让我们暂时把"申请"这样宇宙间最无足轻重的小事放下,难道你不想弄清楚,这辈子活着,你在追求什么?

都问我:"老师你为什么从投行辞职?"提问时那一脸的不解,仿佛在说投行是一个多么高大上和受人尊重的行业,而留学咨询又是一个多么低级而被人瞧不起的行业。我并没有在投行混不下去,我只是选择了自己喜爱的事业。那一天,跟往常一样,我去公司上班,从地铁站步行到办公室,路过中环的皇后像广场。在这里,行人只要举起手机,不须使用太高端的摄像技能就能拍出香港明信片一样的美照。我曾经很喜欢在上下班的路上在这里稍作停留,深呼吸,微笑,抬头仰望四周,让自己享受片刻那种生活在画里的感觉。但是那一天,路过这里的时候我突然恍惚了,我就这样活着,日复一日,一成不变,有谁真的在意呢?而我自己,日子过得真的开心吗?难道这就是我想要的人生?我这么想着,晕晕地到了公司,气喘吁吁地坐下,从座位上俯瞰整个维多利亚湾的绝美海景。我只是一个打工的,办公室再豪华也是公司财产,眼前的美景没有一分一毫是属于我的;尽管置身其中,却是匆匆过客,有什么可高兴的?

我的老板,毕业于美国名校,太太带着一双儿女在加拿大蹲移民监,留他一个人在香港赚钱养家。太太每年回来一两次,看看他,吃几顿饭,拿些钱,就回加拿大。因为香港不是家,这位年薪千万的老板租住着一间小公寓,家徒四壁,一张沙发一张床,连电视机也没有。他的秘书曾找阿姨帮他收拾房间,八卦地说,老板真抠。这位大老板年近五十,军人出身,思想很老派,严肃到几乎不笑,在生意上也非常保守,不愿意做风险大的项目。可能也没想再升迁跳槽了吧,就这样踏踏实实地做他的董事总经理直到退休,稳稳地赚足养老钱或许就是他给自己的人生规划。

我们团队的一位副总裁,即我们的小老板,也毕业于美国名校,香港人,家里小有些钱,一直在投资房子,据说在香港有那么四五六套房产,赚到不需要工作也可以活得很好。但是不知道为什么,他依然很拼命,每天从清晨工作到半夜，年终无休。可能他就喜欢自己忙着，可能很多香港人都是这么敬业。他不能容忍旁人工作中的任何小小失误，一个标点、一个大小写错误都能让他大发雷霆，说："你就是这么愚蠢吗？"这种无礼似乎是投行的传统，他入行的时候被人这样对待，就也照样去对待别人。这位小领导，人有三十几岁，还一直没谈恋爱、没结婚，连绯闻女友都没有一个，一度被我们传他是个同性恋。保持忙碌的状态，勤奋工作和升职加薪可能就是他的追求。

我们的团队里还有一位大陆姑娘，也毕业于美国名校，听说是一位大领导的侄女，无从考证。她粤语说得不错，不爱跟大陆人混，跟我说话多半是冷冷的。这也不是针对我，她基本对谁都这样。一次她过生日，我送给她一份小礼物，大概过了一年吧，我偶然发现，她就那样随手丢在她的办公桌上，根本不曾拆开看过。在公司她只管把她不爱干的无意义的活通通丢给我。小公主就是小公主。我没跟她谈过人生和理想，并不清楚她想要什么；不过我知道她在香港买了房子，可能无论如何也要在目前的职位上混到本地身份再说吧。

我并不想抱怨谁。投行里面的冷漠跟弱肉强食不是一向如此吗？作为一个初入行什么都不懂的小白，我知道自己应该依照传统低头苦干，直到媳妇熬成婆。那几年，我一直在很用心地工作，并且对给予我这样一个工作机会的老板和团队心怀感恩，从未去度假或是旅行。爸爸妈妈问我什么时候回家看他们，我的答案总是不知道，有空就去，然后等到项目间隙，订一张当天的机票回家。我并不热爱我的工作。虽然估值模型我可以做得很好，土豪客户我也可以哄得很好，甚至可以为公司带来明星项目，但不知为何这些工作内容给我的成就感极少，甚至会让我反感。于是我开始思考，就像这样度过人生的每一天，也许未来我能成为一个非常成功的银行家，坐上我老板的位置，但那就真的是我想要的吗？我想要什么样的人生？想到这里，我才突然发现，自己其实根本就不知道这个问题的答案。但至少，我知道混在投行里当高管，然后退休，这肯定不是我想要的。公司给我的工资奖金，买去了我的人生。想到这里，我突然觉得很失落，我意识到我把自己的人生给贱卖了，这样的日子真的是过一天都嫌多。

就是那天早晨，多云稍显压抑的天气，我像往常一样路过皇后像广场，突然觉得眼前的中银大厦、长江中心和汇丰银行大厦都黑压压的很陌生。我于是就这么开始胡思乱想，整个上午，居然停不下来。于是，午餐时间，我预订了一张当日18:30从香港起飞回大陆的机票。人生里的第一次，说走就走。

最初，我也曾焦虑过。当了那么多年的好学生、乖乖女、好员工，肯努力，求上进的我，不知道这样随性的决定算不算人生大误。然后，我转行去做留学申请咨询师，作为一个脾气大又要求高的老师（这实在不是什么值得骄傲的事情，只是我个人性格的缺陷），我可以选择与我喜欢的学生一起工作，想休假就休假，想旅行就旅行，想写书就写书，想回家腻爸妈就回家腻爸妈。我可以静静地码字，思考人生，慢慢地喝一杯咖啡，看时光安静地流逝。我想如果我能挤出时间，就再去练练钢琴，学学油画，也挺美的。这样的人生也许最终都没有什么所谓成功，但每一分钟都是属于我自己的，哪怕什么都不做，窝在家里吃零食看美剧虚度年华，也是我主观意志的选择。我挥霍人生我乐意！放下了虚荣心，放下了旁人的眼光，放下了每个月按时发放的工资带来的虚伪安全感，我第一次感觉到自己拥有了自由。这才是生活！

不少学生跟我讨论找实习或者找工作的问题时特别爱问我："老师，您一个英语专业的，是怎么找到投行工作的呢？"因为他们很自然地相信：我是某某学校的，我是某某专业的，我是女生，所以我应该去做某某类型的工作，

其实我从未停止思考"人生对我而言真正的意义是什么"这个问题，或者它干脆有没有意义。有时间推荐看看《人生七年》，这是一部纪录片，据说AB站都有资源。人生匆匆，来去成空，时间是你唯一的财富。

或者某种类型的工作根本与我无关。更夸张的是，由于这种对所谓"非本专业"的完全不关心，很多大学生根本就不知道、也不试图去知道，其实除了所谓本专业、本行业，世界上还存在着很多很有趣、很有前途，而且可能更加适合他们的行当，更别提去计划怎么转行了。比如当年，我是学英语的，我的很多同学毕业后都选择了从事秘书、人力资源、办公室、市场营销这样的职位，在若干年后同学聚会时还会互相比较一下谁在这个领域做得更如鱼得水，谁在伺候着一个头衔更大的老板，并觉得这样很正常。

这真是个讽刺的循环。一个大学生在涉世未深的懵懂年龄，遇到了一个看似很成功的师兄或师姐，跟他说："你看你是某学校某专业毕业的，你应该去某行业某岗位就业，你看你的师兄师姐们在那些公司混得多好，多厉害啊！"听了"过来人"的凿凿之言，看到了强大的事实佐证，这个大学生就相信了前辈的话，努力去应聘那些所谓对口行业、对口企业的对口职位，然后勤勤勉勉地在这样的岗位上一路打拼，再也不去想其他的路。很多年后，工作稳定了，升为高层了，还会很自然地得出一个结论：若干年前，我那前辈学长所言极是！然后，这位曾经的大学生，可能还会很热心地拿着自己的经验去教导年轻的学弟学妹要做什么、不要做什么、如何成功，诸如此类。就是这样的循环，毫无痕迹地淹没了一代又一代年轻人的梦想。

我本人就是一个学英语的，当年也多少受到传统思维的影响，未能免俗地从一个秘书的岗位开始我的职业生涯。但是我就不信邪，不信不能转行，从未停止给自己寻找第二条出路、第三条出路、以及更多的各种不同的前途。后来，除了通讯的老本行和秘书的打杂岗，我先后做过快消、战略咨询、投资银行，都是前线核心部门的岗位，对公司有显著贡献，不打酱油。就在我行，我团队的一位执行董事老板也是学英语出身的，而那位老兄现在已经离职，自立门户，募集和管理着自己的私募基金。也就在我行，还有一位前辈，业绩最好的董事总经理，是学水利的。所以，无论什么事儿，不试试看怎么知道行不行呢？中国的长辈只管讲小马过河的故事，却从不真正鼓励自己的孩子往水里跳。

大学生真的好年轻，真的是祖国的花骨朵！无论实习、工作，还是留学，都不要给自己设定任何界限，因为所有的界限其实都只存在于你的内心；因为全世界，除了你自己，再没有第二个人可以证明某件事你做不到。

如果学生接受了我说的"转行不是问题，专业不受限制"的观点，我又开始担心他们接下来再问我："老师那你说现在最热门的行业是什么呢？"然后无论我说什么，他们都想去做。世上从来就没有一个所谓永恒热门的行业，热门几年的都没有。还记得魔兽风靡的时代吗？还记得电子计算机和市场营销专业大热的时代吗？还记得就在不到十年前摩托罗拉和诺基亚大战三百回合竞争世界手机行业老大的商战吗？还记得不到五年前根本就没有什么滴滴打车、什么饿了么、什么高德地图等这么多的APP吗？总有一天，而且不要很久，这组排比继续下去很可能就是：还记得那个中国学生都要学金融进投行的时代吗？时代前进的脚步快过我们任何人一个的想象！只学热门专业怕是永远无法赶上热门时代。所以，对于这个问题，我的答案是：一定要去学自己最热爱的、最感兴趣的专业。

这并非一个理想主义者不食人间烟火的说法，更不是不求上进者自暴自弃的借口；相反，这正是成功的捷径：做自己喜欢的工作就像与自己喜欢的对象约会，感觉是幸福和满足的，可以持续加班、疯狂加班，一点儿都不觉得累，可以连续好几天茶饭无味地琢磨自己的新方向，可以因为半夜里想到了什么而兴奋地从床上坐起来，记录一个闪过脑海的新点子。这种干劲和创造力，只有对自己真正热衷的事业才会有。爱一行，才能干好一行。兴趣是最好的兴奋剂。

斯坦福大学的自我认知课

美国斯坦福大学是公认的殿堂级创业人才培养大学,没有之一。如果没有这所大学,可能根本就不会有硅谷创业园区,也不会有纳斯达克股票市场。美国的顶尖大学在许多方面优秀得十分相似:古董一样有故事的建筑和家具,获得过各种诺贝尔奖项的教授,各行各业的成功人士校友。他们之间的不同大多表现在人文领域,即:世界观和价值观。

斯坦福大学有一门很特别的课程,叫作 Reflection Seminar,我把它译为"自我认知课"。严格来说,它并不是一门课程,因为站在台上讲话的不是教授,而是每一位在校学生。就是这门并非课程的课程,被不少斯坦福学生评价为"改变人生的经历"。这门课讨论的主题就是:我是谁,这一生我要做什么。每位学生都可以在这里分享自己的人生故事,讨论和碰撞。课堂上,来自世界各地的优秀青年,带着完全不同的背景和经历,畅谈人生,用学生们自己的话说,很多故事都是他们只在自己的脑海中思考过,却不曾拿出来跟人探讨的。在斯坦福,每位同学都被鼓励去寻找真我,用余生去做自己最想做的事。在互相的认可和鼓励中,学生们追寻自我的精神力量被持续放大。于是,这所大学的毕业生,大多具有强人的自我意志,矢志不渝地去完成自己最想做的事情,不被环境和他人的眼光所干扰。在这个过程中,有不少因为受到的内心感召太强大,索性直接辍学创业去了。

把自己的兴趣爱好发展成为一份事业,这就是斯坦福给学生的教育,于是你就能够找到那种一直在工作但也一直在玩儿的状态,就能保持快乐与激情,自然更容易获得成功。斯坦福大学计算机系

名校关心申请人的人生追求。斯坦福大学坚持引导学生发现真我,并以此推动世界的变革。"你是谁、你要做什么"是该校的经典申请问题。而中国申请人一被问到这种问题就没主意。"老师,有标准答案吗?"我说"没有",他们就会继续追问:"那老师,那些成功申请人给出的答案是什么?参考一下?"

> 学生 Larry Page 辍学创立谷歌公司的事情大概地球人都知道，一个多么伟大的公司；还有"阅后即焚"社交网络 Snapchat 的创始人 Evan Spiegel，更是在即将拿到斯坦福毕业证的时候拒绝巨头的收购邀约，辍学创业。对斯坦福来说，类似的创业精英实在是多到数不清。斯坦福特有的辍学症也曾经传染了运动员。老虎·伍兹（Eldrick Tiger Woods）是斯坦福经济系的学生，也是校队主力，读书读了两年以后辍学去做职业高尔夫运动员，当时他只有 20 岁。

斯坦福的学生如此辍学成风，真不知道校方是该忧虑还是该欣慰。舆论倒是挺爱谈论这事，还有好事的媒体评出什么斯坦福十大辍学生。其实在中国，类似的人物也有，只是社会不会去宣传鼓励这种案例，因为在中国，从名校辍学绝对不是正能量。高晓松是清华大学电子工程系的学生，1988 年入学，读了三年书实在憋得很，退学改考北京电影学院还落榜了。之后自己鼓捣艺术，居然靠着一首《同桌的你》红遍大江南北。翻看他的人生历程，写歌、旅游、写剧本、写小说，简直就是想到什么做什么，到现在还是一副不靠谱儿小青年的作风。直到 2015 年，高晓松正式成为阿里音乐集团的董事长，从音乐人做成了音乐商人。支撑他一路走来的世界观强大而简单："这世界不止有眼前的苟且，还有诗与远方。"

如果一个人能站在"我这一辈子最想做什么"这样的高度上去思考教育问题，把读名校当成实现人生目标的一种手段，他就能更清晰地规划好自己的学业，也能用更超然的态度去面对申请。有了这样的心态，申请成功的概率也会随之提升。如果他足够优秀，并且很幸运地早早找到自己的发展方向，也可以考虑加入辍学族。说到底，等功成名就的那天回头看，申请什么学校和选择什么专业这种小事实在没什么值得纠结的，就算落榜，也是学校的笑话。

06

态度决定成败

前面讲了很多申请背景提升方法论,最后我想谈谈关于申请态度的问题。客观地说,大部分的中国学生都是勤奋进取俱乐部的成员,这是好事。可惜的是,许多人努力得太功利,凡做一件事,一定先问:"这有用吗?有什么用呢?"所谓有用的事情,就拼命做;所谓没用的事情,就对付着做,甚至不去做。就算是去做一件"有用"的事,中国学生也特别热衷于找捷径、找窍门,看看有什么法子能够少用力,或是掏钱不费力,且能达到同样的效果。在课堂上,老师讲再多知识、再多公式学生们都记不住,但若说一句,如果选择题你不知道选什么,就统一选B,这样的话就会立刻引起全班的重视,一片抄笔记的沙沙声。

我不欣赏这种凡事功利化且公式化的思维方式。作为一个一无三头六臂的超能力、二无长辈给当后台的普普通通的年轻人，要在一个平凡的岗位上从小职员开始一步一个脚印地去学习、去修炼自己，直到成为职场赢家，唯有靠敬业和努力。我真的不知道，若要成功，除了摆正心态、拼命去努力外，还有什么其他的办法。当然，要朝着对的方向，使用正确的方法。

图书馆里泡出来的十五万美元

其实我一直觉得自己的打工运不算好。大学毕业几年，虽然一直勤勉敬业、任劳任怨，但限于岗位和平台，工作成就不大，拿着一份微薄到可以让同期毕业的同学们都笑话的工资，却操着国家领导人一般事无巨细都归我管的心，各种忙碌、各种加班。同时，苦于没有转岗的机会，在公司能够学到的东西越来越少，升职的速度越来越慢，出国读书再转行成为一种穷途末路、涅槃式的选择。好不容易进入了商学院，居然赶上人类历史上规模空前的全球性金融危机，一时间工作机会紧缩，不少雇主干脆破了产，同学们个个人心惶惶。

在同学中，我属于比较淡定的一小撮。究其原因有两个。第一，我起点低，之前就是穷人一个，读书以后能随便找个什么工作都满意得不行，走的是"光脚的不怕穿鞋的"路线，金融危机不太让我感到绝望；第二，我背景差，本科学的是英语，虽然商学院里面的很多知识在工作中有接触到，但毕竟没有经过系统的学习，不认真听课、写作业的话，还真的会考试亮红灯。成绩不达标，奖学金就要泡汤，我一介赤贫，岂敢不学。所以在金融危机横扫全球的时候，我并没有惶惶不可终日地担忧工作哪里找，只是仍旧每天拎着水壶和饭盒泡图书馆。

因为不富裕，我就总想着能把价格不菲的商学院读得物超所值，反正学费也不能打折,咱就尽量多学点呗。所以我会刻意选一些非常有含金量的,也往往是比较难学的课程。在我的选修课表上,有一门叫作"高级运营管理"的课程,属于偏制造业、偏物流的一个方向,涉及许多建模分析、数学计算、模拟流程的东西,并要据此写出论文。这门课的教授要求很严格,完全不因为自己是选修课就睁一眼闭一眼地随你来与不来都赐一个好成绩,所以选这门课的人很少。

课程学习近半的时候,教授给大家布置了一份课外作业,说:"这个作业是选做的,谁有兴趣可以自己看看,课上我就不再讲解了,有问题的同学课后到我办公室答疑。"这作业很麻烦,需要搭建一个很复杂的模型,搜集和分析很多数据,因为涉及多个变量的假设,还需要针对多种可能性计算不同的结果。当时已经接近二年级的尾声,大部分同学都忙着投简历、面试,日夜惊恐一毕业就失业,一听这作业这么麻烦基本上都直接放弃了。我想,我既然给自己定位就是来学习的,还是应该尽量多学一点。于是,在众多同学纷纷相约练习面试的时候,我一个人夹着笔记本电脑在图书馆里泡了三天,一边啃书,一边啃三明治地做这个案例的模型。三天过去了,表格画了十几页,打印出来厚厚的一打。我没想太多,什么讨好教授啊,什么拿一个A吧,都没想过,只是认真地在做一件我想做好的事情。

像每次做完一个案例的作业一样,我约了教授做讨论。在他的办公室,整整一个小时我都在兴奋地描述着我对这个案例的看法。很自然嘛,这么难的一个谜题,解开了,是很兴奋的一件事,是需要跟人分享的。教授一边看着我打印出来的厚厚一打纸上的六个不同的结论和相关的分析,还有复杂到如果用劣质电脑打开会直接死机的excel模

> 型,一边耐心地听我的陈述。末了,不置可否,只是淡淡地问我:你想去某某管理咨询公司工作吗?他们在招聘。我曾是这家公司的高级合伙人,退休了来给你们教教书的,我希望向他们推荐你,因为我觉得你很优秀。英语不是特别好的我听到这话有点儿懵,甚至怀疑自己听错了。
>
> 就这样我获得了一份年薪十五万美元的聘书,外加两万美元的签约奖金,做梦一样。当然,教授与这家公司的关系在我闷头在图书馆爬格子的时候是完全不知道的。

所以你看,如果一个人做到了像一个真正的少先队员那样时刻准备着,总有一天好机会会找上他。

实际上,在留学申请这件事情上,甚至说,在谋求自我发展这条路上,我真的看不到什么捷径。一分耕耘,一分收获。不少学生来找我咨询留学申请的问题,就只是爱听类似于"某某大学新开了会计专业,可能申请人不太多,是读名校的捷径"这样的话,并且会觉得这类信息给了他们很大的帮助;但我若要说"你得努力考试,把成绩搞好,你得去实习,去一点一滴地积累出一份漂亮的简历",他们就会想:我要是分数都够高了,我要是实习都很好了,我要是简历都很好了,我还需要你干啥?这什么中介老师,给的建议完全没有用。

的确,我会告诉我的学生,要做好这个,要做好那个,然后学生一看到我列出的单子就吓一跳:"老师,我有这么多事要做?"是的啊,是有这么多事要做。并且,要真的很努力地去做才能进入名校!在差不多五年前,或许还能有一些侥幸进入名校的案例,但如今,商科留学持续火爆,不单是捡漏的机会越来越少，而且是申请的竞争越来越大。每一年，中国申请人都在暴增，学生的平均水平都在提高，什么高分、实习、赴美交换，在几年前还是凤毛麟角的事情，现在都快人手一份了。中国本土申请商科研究生的同学压力尤其大，因为越来越多美国本科的同学在加入这场竞争，同等条件下，他们拥有地缘优势和语言优势，往往能被学校优先录取。从各学校公布的录取统计数据看，录取新生的平均分数稳步提升。根据 GMAC 发布的报告，从 2008 年到 2013 年这五年当中，中国考生的 GMAT 成绩前 90% 所对应的分数值整整提高了 30 分。别的因素都不算，单说考分，2013 年的申请人就得比 2008 年的申请人多考 30 分再说。2013 以来，因为平均分已经太高，无法在高了，才逐步趋稳了。可同时，GMAC 机构又改革了考试，提高了难度。

如今的商科留学，是申请人综合实力的竞争，没有正确方向，努力了尚且可能白干，靠运气好混入名校的路更早已堵死。我所推荐的一切进入名校的方法，并无捷径，靠的都是申请人的真功夫。

06

纪念我们永远的初恋

世界上或许还有一些没有谈过恋爱的大学生,却没有一处从未上演过轰轰烈烈的爱情故事的大学校园,有太多完美到近乎童话的爱情是以校园为背景的。校园爱情可能是最纯粹的爱情。无论世界多物质,房价多高涨,大学里的我们都只是孩子,追寻着那种喝风喝雨也要执子之手的感觉,纯纯地相信一生一世,幻想跟某人白头到老。车子、房子、票子等,现实的一切离我们很远很远。

如果说,土豪的爱情挥霍的是金钱,那么大学生的爱情挥霍的则是青春,是一个人一辈子最宝贵的财富。几乎每个年轻人都曾经在爱情里折腾过自己,恋爱、争吵、分手、复合、再分手,几番挣扎过后,几乎每个人也都能做到无怨无悔。而社会舆论,无论在什么国家,对爱情都相当宽松,一旦是以真爱的名义,那就怎么折腾都可以,再出格、再离谱也是高尚的。

可能你会觉得，作为一个大学生，我无非是课余时间跟男朋友或女朋友吵吵架、闹闹情绪，最多过生日的时候一起逃课出去玩，无伤大雅。那我只能说，如果你不懂爱情，也不学着去爱，不拿爱情当学问，也就最终得不到真爱。而且，跟本书的主题相关的是，谈恋爱也可以成为留学生的正能量。

不懂源于不去学。在中国，不少家长和老师谈校园爱情色变，大学之前对早恋如遇洪水猛兽，大学对恋爱的态度仍然是不清不楚的不鼓励、不打击、不负责的三不管。相关各方是各自心照不宣，互不触及这个话题。复旦大学有位哲学老师叫陈果，因为在自己的课堂上讲授爱情观问题而大受欢迎，一度爆红网络，可见此类知识是多么有买方市场。独生子女的一代，其实天生不懂爱，更应该去学习爱的技能。

西方大学对待年轻人爱情的态度则大大不同。首先，学校在招生的时候就会考虑男女比例问题，大部分的本科大学都尽量保持男生女生 50% 对 50% 的平衡比例，研究生则尽量争取达到 70% 对 30%。保持这样的比例，是因为学校考虑到大部分的学生都是远道而来求学的，本科生们很可能是第一次离开家独立生活，心理上是孤独的，应该尽量给每个人提供能在学校找到恋爱对象的机会。为了帮助年轻人更成熟地面对感情问题，提高情商，大学会提供许多以恋爱、家庭、情诗文学或者幸福心理学为主题的课程，比如著名的"哈佛幸福课"、布朗大学的"爱情故事课"，以及斯坦福大学的"什么是爱情"课，等等等等。各大学均设有心理咨询室或者心理健康中心，帮助学生正确处理情绪和精神问题，当然也包括情感问题。此外，几乎每所大学的每个学院都有好基友和拉拉俱乐部，同好们大可不受歧视地相聚于此，任何形式的爱情都会被给予同样的尊重。校园不止容纳爱情，还包办婚姻。据校友介绍，在杜克大学教堂举办婚礼，需要提前数年预约。你看，人家外国大学就能想通，既然说好了，一个人的成功与情商正相关，与另一半的支持相关，培养人才

大学的时候，我的朋友小王，北京某高校的大学生，因故跟女友闹分手，对方想不开跳楼自杀了。虽然责任方并不是小王，他却因此被校方逼迫退学。最可笑的是，翻遍学校的校规校纪根本没有相关的规定，最后是女方的家长去公安局报案，诬小王犯了流氓罪，好作为逼小王退学的依据。小王十多年的苦读到头来就因为这件事连一个大学毕业证也没有拿到。

的学校就应该帮助学生提高处理情感问题的能力。再说，年轻人一颗向往爱情的心岂是堵得住的？

说到这里，有学生大概要抗议："老师你这是又情不自禁地夹带私货跑题了吧？校园爱情跟名校申请有什么关系呢？"当然有啦！我刚才不是说了外国大学需要保持一定的男女比例吗？这就使得亚裔女生比男生更容易进入名校。因为在外国大学里，女生比例偏低，特别是研究生申请人群，女生比例更低，华裔女生又是婚恋市场上的抢手货，所以申请的时候自然占优势。

每一年，为了跟男、女朋友团聚而申请出国的案例都不少，一出国就跟对象分手，甚至是为了出国索性抻着不谈恋爱的人也很多，甚至还有去了美国，读书读得好好的，却因为跟有妇之夫搞出了绯闻而退学回国的。真是学生之多，什么样的没有？！许多女学生找我咨询选校，我也会建议她水专业就水专业，名校一定要去，那可是找到高素质另一半的圣地。女孩子嘛，干得好不如嫁得好。

2012年5月19日的地球焦点新闻很可能是这一条：全世界最受人瞩目的高富帅、脸谱网的创始人——扎克伯格结婚了，结婚的对象是恋爱了九年的女友，一个外表看上去很普通的（貌似）华裔[29]女生，也是他的大学同学。两人结婚的时候，扎克伯格所创立的脸谱公司刚刚上市不到24个小时，年仅28岁的他的公司市值超过1000亿美元，个人资产估计超过187亿美元。这就是哈佛女生的福利，这就是谈恋爱跟读名校的关系。

---

[29] 实际上，她不是中国人。

外国大学追求学生群体的多元化,这种多元化包括种族、国籍、性别、年龄,甚至性取向。我曾经历过学生因在申请文书中谈论自己在母校创办同性恋俱乐部的经历而获得哈佛等一众名校录取的案例。在外国人眼里,敢于向传统观念宣战,领导一个团队唤起公众对人性的尊重,必然是一种很了不起的成就。

唯有错误让我成长，唯有受骗让我智慧，跌倒的感觉一定是痛的。我不怕痛，只怕叵测的人心耽误了我的好前程。

第七章

申请路上的
那些坑

　　申请路远，道阻且长，坎坷亦多，陷阱亦深。求成心切的申请人，大多都有一颗病急乱投医的心。一不注意踩进坑，且不算损失掉多少小钱钱有多心疼，真正被耽误的可都是一去不复返的好青春。关于留学申请，大部分的学生都是第一次，没有什么经验，又渴望成功，承受不得失败，不擦亮眼睛、提高警惕，怎能躲得过一路上这许多坑？这一章内容是揭黑幕，但同时也是破幻想，很多真相或许并不是申请人希望知道的。因为本质上，我这是在宣布许许多多看似捷径的走不通和不存在。就像是无论央视315怎么揭骗局，总有一些老大爷老大妈，为了购买不存在的保健品，颤颤巍巍地到银行给陌生人汇去一辈子的积蓄，谁让求健康、求长寿就是人类的本性呢。不要因为太想要，宁愿让谎言遮住眼睛。

01

伤不起的黑中介

曾有国内某知名留学中介和申请咨询机构在自家的网站上披露过这样一则信息:"去年北京分公司签约总客户人数3000人。"这里的"去年"大概指的是2008年或者2009年。粗略估算如果每位客户平均收费4万元人民币,并以此类推该机构上海、成都、广州、深圳等几家分公司,这就是一个年收入若干亿的大企业。这是差不多十年前的数字。留学行业可真是兴盛得超乎想象。

我知道关于要不要找中介的问题大多数申请人其实也是纠结的。自己申请吧,真心是个大工程,分身乏术,要搞定GPA、要兼顾实习、要在出国考试中脱颖而出、要查找学校资料选校、要写文书、要练面试。更要命的是,如果同学们都靠有经验的中介老师帮忙完成申请的全套工作,那些靠一己之力单挑申请的人不免手忙脚乱漏洞百出,自然在申请中占尽劣势。求助机构吧，一来不便宜，二来留学咨询哪家强？实在很难分辨。钱花出去真能买到好帮手？看到师兄师姐分享的那么多惨遇黑中介的经历，也是怕怕的。可还是忍不住想找，为啥呢？一来，大家都太希望花上几万块钱就能抄近道进名校了；二来，大家也太害怕因为舍不得花这么几万块钱而赔掉了一辈子的好前途。

刚开始考虑留学，并没有花太多力气做调研的大学生选中介的思路往往很直接，就选最敢承诺的大公司，应该不会错。反正申请不到还可以退费嘛，人家公司大品牌大，总不会是骗子。再说了，如果公司没本事为客户申请到名校，怎敢承诺"不成功就退费"呢？退费条款就是质量保证。其实，作为一家大机构，如果仅考虑商业利益，只要客户基数够大，承诺退费不过是一个概率游戏。行内有一个人尽皆知的秘密，那就是申请结果会受到运气和一些根本说不清楚的因素的影响。同一个学生，基于相同的本科成绩、分数、实习等条件，无论文书准备得如何，都有可能收到某所学校的录取，或者被同一所学校拒绝。所以，从一家拥有成千上万客户的大公司的角度去看，他们的员工无论多负责任，做多少努力，总有客户不能被录取，何必陪客户死磕名校？只要咨询师态度好，客户不抱怨就好。如果申请失败，费退就退吧，退费率达到20%甚至30%也没什么问题，只要现金流稳健，这盘生意还是可以继续运作下去，提高签约数量倒成了关键。可对于学生来说，录取与否对个人前途的影响就是100%了，相信大部分人消费中介服务，还是希望得到一个好结果，而不是想来年再收回交出去的钱，也没有利息呀！所以，退费并非想象般那样好地保障每位客户的利益，因为留学客户的根本利益从来也不是钱。

当然，小公司也有小公司的问题。不少个人店、夫妻店、学生兼职店，虽然可能有看似背景牛气的老师，但一个公司就那么一两个人，收一笔咨询费就够给注册资本翻倍的，签约收钱跑路也是常有的事，遇到脸皮稍厚的，还敢不跑路也不管你，真能活活气死你。此外，公司小，资源少，一个老师恨不能从高中申请管到博士申请，从考试培训做到签证辅导，说好听点是跨界全能，难听点就是什么都敢。可能老师也是负责的，能力也足够强，可我就是不信不够专注做出来的结果会是最好的。留学申请分国家、分学校、分专业、分级别，申请套路各不相同，隔行如隔山，专业的事最好还是专业的人来做。

不少同学这样想，我只要足够小心，足够机灵，留学机构的老师怎么坑得了我？每天跟咨询师朝夕相处，他好不好、帮不帮忙我还能不知道吗？很多自认为鉴别力足够的学生，依然无法避免在这里摔跤。实在想不出，一位办事利索、积极热情、随叫随到的中介老师，拿出来的文章没有任何的语法错误，勤勤恳恳陪自己练习面试，能怎样葬送我的名校梦？真的可以有，而这些也正是申请人最容易掉陷阱和最需要有经验的咨询师指点的地方。

首先是选校。外国学校量大，查个信息要翻墙，打开一个网页需要一万年。就算你有 VPN 神器，不惧封锁，网上道听途说的消息实在极多，真假难辨。让咨询师帮忙选校或者提供经过筛选的可靠的学校信息绝对是省时、省力、省瞎猜的好方法。好的咨询师一定是对学校烂熟于胸的，知道每所学校喜欢或者不喜欢什么样的学生，能给学生提供什么样的机会，并且像学校的粉丝一样，时刻盯着偶像的动向，一切新闻，尽在掌握。选校精准就是成功申请的基础。如果一个中介老师除了各项排名外对学校再无自己的见解，那他应该考虑跳槽去百度当留学小编。对外国学校缺乏起码了解的学生，如果错信经验不足的中介老师，只讲排名，不讲各个学校不同项目的具体情况，盲目选校，就很可能费力不讨好地申请一些几乎不可能录取自己的项目，浪费感情、浪费钱，却还不自知。可怕的是，越是申请小白，越爱信像是"我们保你读

不怕竞争太激烈，就怕遭遇黑中介。有些学生签约中介的时候懵懵懂懂，还不了解留学是什么，也不知道自己要申请什么专业，看看铺天盖地的宣传，听听真真假假的案例，脑子一热就签了约，还没开始服务就觉得后悔。有些学生知道刊害，各种选，各种比，无奈还是优劣难辨。

哈佛"这样的话。

　　第二是简历和文书。前文提到过,好文书的标准有很多,智者见智,全看招生官个人是否欣赏。虽是如此,作为一份标准正式的商业文书,许多基本原则是相通的,比如简历格式、文章结构。帮助客户写出符合英语世界起码审美原则的文书,是一个合格咨询师的基本功。在此基础上,咨询师的核心价值是帮助学生挖掘自己的闪光点,让文书写得有内涵、有深度,让文书成为学生的生动自画像。注意,可不是按照某种套路或者借鉴成功文书去照猫画虎编故事。所谓模板文书,指的可不是文章格式或语言,它更常见的存在方式是故事套路模板。曾经有一次,我约一位哥伦比亚大学的面试官喝下午茶,对方给我讲了一件事,可笑死我了。他说他今天面试了四位申请人,结果其中三位都是年轻的时候爸爸去世了,真不知道世界是不是真的这么小。还有一个常见的问题,我看过不少中介的范文都有,叫作虚词泛滥。为了烘托气氛,文书里那形容词、副词用起来就跟不花钱一样。这可是申请文书的大忌,招生官要看的是人物传记故事,不是抒情长诗。就是这样辞藻华丽的新闻联播体零语病申请文书,有不少不懂申请的学生和家长表示很喜欢!

　　第三是面试辅导。角逐顶尖商科研究生,往往要过面试关,面试之于录取,有越来越重要的趋势,谁让中国申请人个个分数都那么高,简历都那么强,文书都那么美呢?准备面试可不是练习口语,而是学会用英语与面试官进行平等和有意义的交流,核心在于对话本身。好的咨询师应该了解学校面试的主要考查点,能够帮助学生建立正确的面试观和指导他们应对不同的面试场景,学会面试着装,学会社交礼节,学会用正确的方式回答问题。而不是一提起面试就只关心托福口语多少分。

　　写到这里,我又想起一件很逗的事情,我赫赫然在某些机构的微信推文上看到这样的宣传:"我们团队帮助某同学精心准备西北大学某项目的面试。我们不辞辛苦,收集了面经,结果押中了全部面试题。"看得我都气笑了。首先,一些项目的面试的确是面试官随机提问题,而更多学校的面试则采取标准的面试问题清单,西北大学的某项目就属于这第二类,所以只要在ChaseDream论坛上认真搜集面经,其中不少还是热心网友总结好了的,其实很难不押中几乎全部的题目,而且是你能押中,别人也都能押中;第二,获得录取的关键根本就不在丁知道学校会提哪些问题,特别是对于这种按照标准问题清单面试的学校,而在于给出高质量的答案。中介老师把所谓"押对题"当作帮助某学生获得录取的关键因素来吹嘘,这实在恰恰是不懂留学的表现。我是真为该机构的学生们捏把汗啊!最终能被录取,实在是够实力也够幸运。

"天啊!我根本就不了解留学,这种段位的高级黑,让我怎么躲得过?"别紧张。列出这么多黑真相,我并不是想证明世界上所有的留学公司都是黑中介,业界良心一定有;我也不是说找人帮忙做留学申请就不靠谱,找到资深且负责的好老师帮忙肯定能少走很多弯路。我只是想郑重提醒,申请事大,签约机构须谨慎。第一,签约前一定要做好机构调研,不怕不识货,就怕货比货,多信自己的眼睛和感受,少信大牌广告和各种软文软广("老师,那你这本书是不是软文啦?"当然是啦!不过最好我的同行们写软文都像我这样写得有诚意有实力☺),不信假装热心的有偿推荐。第二,自己要对留学有起码的了解,对咨询老师的能力有起码的鉴赏力,别总盯着合同条款,那都是律师写的,哪有漏洞?多用高技术含量的问题考考老师,信能力而不是信背景。名校毕业生未必懂得名校申请,注重老师的成功案例,而不仅仅是晃眼学历。第三,选择跟自己脾气相投的老师。毕竟大家是要长期互动的,性格不合难免导致心情郁闷、效率低下。最后,即便付钱请了老师,我也强烈建议学生保持主人翁的精神,不要当甩手掌柜,再好的咨询师也只能帮你完成申请却不该越俎代庖——说到底，这是你自己的前途。留学咨询是一个奇妙的行业：收钱的是公司，提供服务的是咨询师，承担最严重后果的却是客户。对咨询机构而言，这就是一笔生意，公司再看重那几万块钱，也绝不会似你看自己的前途一般重。

"老师，你看我要花这么多时间去了解留学，就为了选一个好的中介老师，那到最后我就干脆DIY得了！"好啊，you can you 自己 up，这也是一种皆大欢喜的结局啊。

留学中介最好的作用就是：只要申请没成功，那一定是中介老师负全责！黑中介的名号也因此越来越多。

02

谣言无孔不入

在中国这样一个互联网行业发达、自媒体平台众多的人口大国，从来就不缺谣言。有卖包治百病的假药的，有诋毁党和国家重要领导人的，有唯恐天下不乱一来热点就揭秘就火上浇油就搬弄是非的。前一阵子河南四个考生举报自己的试卷答题卡被调换了，一时间网络沸沸扬扬，都在声讨"万恶"的高考制度，仿佛许多人只要证明了这制度的不公就能掩盖自己不能在高考中脱颖而出是因为能力不足的尴尬。然而我也是特别费解，要知道，高考四科卷子是分开的，而河南今年有九十八万考生。在茫茫四百万份试卷中精准找到这几个人的试卷并且费尽心思又是模仿笔迹又是换答题卡地调换，那这人得有多大的权力啊。有这样的权力还不如直接找一份能上清北复交的试卷抄一下，风险小省时间，何必画蛇添足地调换你们这区区所谓的连重点线都不到的试卷？再说了，人家真正有钱人一可以到外地高考二可以移民，此等作弊行为未免太过荒唐。果然，最后证明这是一起乌龙事件，而当事人不需要负任何责任。在中国，造谣成本太低，有政府公信力低的原因，也是法律不完善的后果，更是"吃瓜群众"缺乏辨识能力的体现。中国人民也真厉害，假奶粉、假疫苗都挺过去了，还能怕几句假话？

所以尽管留学圈的谣言也很多，却眼见着一年年过去，中国申请人越申越好。如果中国不再有谣言，我们能做得更好吗？说不如做，破下谣言试试看。关于留学的谣言，大概有两类。

第一类来自师兄师姐。

"留学中介不可靠，某度搜索不可靠，留学又不能无师自通，那我求助师兄师姐好不好？他们是我认识的人，有真正的实践经验，总不至于把我带沟里吧？"

师兄师姐大多是善良又热心的好人，他们不会主动给你挖坑，但其实他们中的很多人自己就坐在坑底却不自知。如非把申请当兴趣、当职业，多数师兄师姐最多也就有一次成功申请的经验，而且有不少人还是在中介老师的帮助下完成的，他们对申请的了解仅限于自己的申请过程，他们对学校的了解也多半限于自己就读的那所。他们基于自己这仅有的一次成功经验而提供的建议里多半掺有自己的主观判断，借鉴意义有，误导成分也不少。

聪明的申请人说："那我可以多请教一些师兄师姐，把他们的观点汇总起来，综合考虑嘛。"想法是很棒的，但执行的时候你就会发现，师兄师姐说的话，有不少是互相矛盾的。就跟朋友圈里说什么可以吃、什么不能吃一样。要从这里面去伪存真，发现真相，你需要有非凡的数据收集能力、超强的鉴别能力和严密的逻辑推理能力。最要命的是，你只有一次机会用实践来检验这些道理。你愿意吗？校友的话最有借鉴价值的就是对学校现状的描述，学校环境如何，哪些课程好，哪些教授好，生活方不方便，就业办是否给力，在校生都是什么水平，中国人多不多。而那些关于申请经验的分享或总结往往存在过期风险，要知道，申请形势每年都在变，申请人数量不同，背景有别，热门学校和项目也不一样。

还有一些师兄师姐就没有这么善良了。三年前，我的一位学生在成功申请后自己创办了一个微信公众号，开始出售申请咨询服务。在最开始的几个月里，这个微信号的文章也多半是抄袭我上课的讲义，以及使用他同学（就是说，也是我的学生）的案例。我的同事看到了，表示很气愤，这不是都签署了保密协议了吗？这人怎么这样无底线？我们去法院起诉他吧？对此，我很不以为然。首先，这点事你起诉能有什么用，费时费力。常言道，狗咬了你一口，你总不能一口咬回去吧！第二，这人一点儿也不专业啊，申请是那么简单的事情吗？自己成功了马上就可以教别人啦？而且，我也不觉得他会获得什么客户，因为他自己也在读书啊，应该很忙啦，这么做无非就是想赚点零花钱而已，客户会那么胆大吗？就不怕他人在美国拿了钱却不好好干活？事实证明，我错了，大错特错。他很成功地获取了一些客户，对于一个一边上学一边打零工的人来说，也算是不错的成绩了。我也见到过他的一些学生，他们向我转述了他教授的部分内容，虽然大体正确，却有这样那样失之毫厘、谬以千里的小毛病，有强迫症的我听得直摇头。但这丝毫不能影响他继续做他的小生意，总有人买单。

留学就是这样，一旦申请成功，学生将很难有机会反思他在整个过程中都曾犯下了怎样的错误，错过了怎样的进名校的机会，除非他像我一样在若干年后选择进入留学行业。留学咨询师最明显的失误就是让学生无书可读，而这也很可能是唯一能被客户看到的失误，至于那些将一流申请人送入二流大学的咨询师还有可能收到雪片一样的感谢信。有时候，执着于研究申请、研究商科的我看着同行们不专业的建议和误人子弟的指导，就会恨恨地想，为啥中国就没有人创造一个留学咨询师资质认证什么的？所有从业人员，一律先考试，基本常识不过关的，禁止上岗。

第二类来自各种留学机构。

"留学我最强"之类的硬广早就不好使了，包括留学在内的中国各行各业早已普遍使用软文广告啦。写软文做广告，这种行为本来无可非议。有一家我们的同行，偌大个公司全职人员没有几个，其中有相当的比例还是市场部人员，有充足的人手在知乎等平台上铺天盖地地自问自答，以打造公司的公知形象。我闲来也去看同行们的写的东西，然后就发现在知乎上，留学相关的问题多半都被回答得很有诚意，答案很长，分析得很细致。再看回复人的署名，不是留学公司创始人，就是独立咨询师。我觉得这些人这样做其实蛮好，就算是给自己做广告来的，但他毕竟是乐于分享的，传播知识总是好的。

但是那些为了吸引读者和潜在客户，创造卖点，博点击，不惜写出满篇误导言论的行为就很不好。我知道，其实业内人士可能都知道，连业外人士有不少大概也知道，收集整理成功案例是留学公司一件重要的日常事务。每一年，各个公司都会公布自家的数据，列出录取总数、成功率、申请人背景什么的。有趣的是，没有一家机构所列的申请成功率是低于学校录取率的，也就是说，那些没有被学校录取的倒霉蛋们大概都是自己DIY申请的吧，这倒也能说得过去；更有趣的是，如果你足够好事，去把各大机构列出的录取总人数加起来，会发现结果远远大于当年出国留学的总人数；最有趣的是，如果你足够了解留学行业，你甚至能找出一家或几家公司，他们列出的每年被某顶尖名校录取的总客户数，基本都超过这所学校当年在华招生的总数。最后，我也是最近才很愕然地听说，DIY申请的大学生中有不少人在出售自己的成功案例，留学公司只需要花几百块人民币，这个成功申请的案例就可以归这个机构所有，随意用于宣传。当然，更多的是钱也不用花就直接拿去用的。

要知道，历年成功案例可是进行精准选校的最有参考意义的指标之一，这种行为在我看来简直是在毁灭留学行业的金标准。DIY的学生，很难有能力分辨这些假数据，一旦错信，最直接结果很可能是选校不准确，白花申请费不说，还浪费大量时间和精力。

所以，在这样一个造假零成本的年代，要通过互联网获取有用的信息，不仅要投入大量的时间、足够的耐心，更要有相当的判断力。

03

牛企实习来一份

创新力无限的全球知名的大牌花旗银行近几年在中国推出了一种全新的吸存[30]方案：证明吸存。具体操作方式是这样的，家长向银行存款五十至一百万，长达一定时间，银行就会邀请这位家长的孩子参加一个名为"花旗精英实践项目"的短期培训课程，并在课程结束的时候颁发给学生一张打印漂亮的毕业证书。据说活动挺火爆，参加者多是奔着商科留学攒简历去的。这张A4纸可真是值钱！

学校要求每位商科研究生申请人提交简历一份。缺乏课外活动和实习经历的简历，无论怎么装修都是空空荡荡、无内涵的，难入名校法眼。中国申请人（不知道是不是受到了中介老师的忽悠）又很容易陷入比拼简历上罗列的公司名字的

---

[30] 吸存：商业银行对"吸收存款"的简称。

怪圈，你宝洁，我就IBM；你麦肯锡，我就高盛；你壳牌，我就中石油……看谁最大牌。

中国人看上什么什么废，这早已是全世界人民的共识。当名校申请需要名企实习成为中国人民的共识时，问题就来了。为了跻身名校，大学生找实习可真是拼了，靠父母、求亲戚、托朋友，走后门，不惜花钱、送礼、变相贿赂。我还在投行工作的时候，每到暑假，公司就会来一大群小朋友，每天朝九晚五，却不见做任何的实际工作，多半也不会做。这些小朋友个个都是什么即将上市的公司的小太子，不用问，承销商必然是我司。说良心话，花旗银行的做法已经算是很负责任的了。不少大公司都在明码标价地出售实习，前几年还被看成是随便就去的不怎么受宠的四大实习，现在已经几乎被留学党垄断。安永高管亲口说，到我们部门实习基本都是要交钱的。真是很有中国特色的社会主义市场经济啊，不服不行。

钱花到，实习买好，到底有没有用？花钱买到的实习，大多数情况下只是一张证明，实际的工作内容几乎没有。一部分当事人获得了在公司静坐、参观、喝免费茶水的权力，不少当事人却连公司的大门朝哪开都搞不清楚。它唯一的用处就是让申请人编造简历的内心多了一丝丝的强大。其实，基本没有学校的招生官会去看这张证明信的，他们不需要看字，他们只看人。买实习的申请人可能有一份乍看上去很美的简历，却经不起推敲，只要面试的时候面试官就某段实习经历进行提问，多半会露馅，得负分。买实习，到大公司站桩，钱花了，时间浪费了，可学校文书涉及的实习经历却写不出有价值的内容，很难给留学申请带来实质性的好处。买实习，有百害而无一利。

虽然机会罕有，但是如果学生家长真的有本事，或者花钱或者靠关系为学生争取到一个在著名企业真正参与实际工作的机会，比如做一个完整的项目，哪怕是个小跟班、小打杂，那真的是花再多钱也值得。这样的经历很有用，研究生申请、找工作，甚至是第一次换工作，它都将会是简历的亮点，是面试的谈资。实习期间学生也能拓展人脉圈子，提高解决实际问题的能力。不仅是挑中介，买实习也得擦亮眼睛货比三家，这领域，骗钱者居多，真货难寻。

04

择校迷局

一路奋斗一路哭,终于拿到了录取信,感谢CCTV,感谢爸爸妈妈,感谢所有支持自己好朋友。可是,说好的幸福在哪里?面对择校,不少人仍旧迷茫。申请的时候只怕没学上,一大堆一大堆地海投,好像申请是免费的;自己挖下的大坑,还得自己填。虽说是甜蜜的烦恼,但终究也是烦恼的。

拿到了一堆录取,选一个质量好、口碑好的项目,自己喜欢的、对未来发展有好处的,去就得了,怎么就难了呢?现实的问题比想象中多。

首先,你就打不过某度。要不是前几年爆发了魏则西事件,医疗乱搜被整改,留学乱搜压根排不到误人子弟的最前沿,毕竟人家那边桩桩是命案。广告业内人士都知道,某度词条搜索那都是要卖钱的,留学属于高价货。所以,在国内打开某度搜留学相关词汇,你一定能看到各种不着调的信息,各种中介的推广。别的不说,你就搜"商科硕士排名",保证前三页没有你需要看的内容，再翻三十页也还是没有，看你心塞不心塞。不过，对于像我这样的前投资圈人士，这倒是件很好玩的事，因为只要看到一个比较陌生的留学公司突然变成了留学搜索第一，我就知道，这家最近融到钱了。

你可能说，作为一个有文化的留学党，或者 DIY 党，你不惧这个，你会翻墙啊，你懂英文啊，你可以用谷歌搜学校新闻啊，然后倒杯咖啡，等着美帝的网页慢慢打开，真相总会有的。但是你的父母亲友、七大姑八大姨，他们不会这么麻烦自己，他们很可能直接对照某度给出的排名或者是大妈微信朋友圈乱分享的学校评论冲过来认真地鄙视你打算要去的某校，一百遍一千遍地问你："约翰霍普金斯这样的名校你为什么不去，那你去哪啊？凯斯基础啊？什么啊？这算是什么野鸡大学呢？"流言猛于虎啊，于是，你就被逼入一种死胡同，迫于父母的面子和舆论的压力，去一个名校的水项目，还是自己喜欢的真正适合自己的项目？请容我引用一位纠结党的原话：感谢哥大继续教育学院，圆了多少人的名校梦。

可怜的出国党，你的内心要坚强，除非你能力过人、运气也好，申请到了名校名项目，否则，面对学校排名与项目质量不能两全的尴尬局面，一定要挺住。别人的言论不过是他们茶余饭后的笑话，自己的留学可是一辈子的大事。打算毕业后留美的，就多关注学校在美国当地的口碑、就业数据和就业资源，跟师兄师姐都聊聊，找个在当地受认可和自己喜欢的项目去读，别总想着衣锦还乡时那几分钟的炫耀。打算回国发展的，你混的圈子自然是留学圈子，就找个被留学圈子公认的好学校。大家都去过美国，都还是知道什么项目几斤几两的，圈外人你不妨就随他说去吧。还有学生跟我说："那老师，我要是打算回国以后混国企呢？混政府呢？"那我就反问了："你出国干啥？！钱多可以捐我。"

当然了，在读这本书的时候你很可能仍在纠结申请的问题，不会觉得卡在几个录取之间举棋不定是个痛苦的事。没关系，也快了，总有那么一天。

后记

我知道后记这东西读者未必会读，可能正文还没读完就直接被无聊到去翻附录了，再没有发现什么有价值的文字，这本书就进垃圾箱了。但这并不妨碍我用最好的心情来写后记。一来多码字可以多收稿费，我不亏；二来终于看到全书杀青的曙光，实在太愉悦，可能敏感的读者已经从第七章第四节落荒而逃一般的戛然而止中感受到了我的迫不及待，嘻嘻，真是对不起，让您猜中了；三来嘛，反正很可能读者不会太在意这些塞在墙角的文字，我就可以想写什么就写什么了，这么将心比心地想，写自传应该是一件很爽的事。

这本书实在是我的前世小情人。第一次想到要写它是在遥远的 2012 年。那时我刚出道搞留学不久，怎么出名呢？怎么成为一代名师呢？写书呗，你看人家俞老师都到这地位了还在写书呢。从龙头码字码到蛇尾，就实在是写不下去了。一来忙，而且那时候刚写完了《做更好的自己》，内伤未愈，灵感不足；二来觉得自己已经一把年龄了，跟小朋友们还是有代沟的，搞不懂他们想看什么。说教类型的什么留学攻略大概早就 out 了吧，不知道怎么写下去。

2014 年，贼心不死，我第二次坐下来写这本书。我在自己的办公室门上贴了一张通告，放下一切工作，每天准时闭关写作。哼哧哼哧地码了十万字，交出去试读，结果出版社的老师根本看不上，读者也不喜欢，被批判为假大空的"鸡汤体"。我很委屈。我写的案例都是真实的啊，都是发生在我身边的故事啊，我给谁熬鸡汤了？不过读者就是上帝，我只能闭嘴。

就这样时间到了咩咩叫的 2015 年。我说这本书我还是想写，朋友说："写啥？你写的段子都过期了，如果没啥新的想法你就省省吧。看着你每年更新一遍书里的段子，还没出版就过期，我实在看不下去了。你以为讲段子你强过郭德纲？"批评得也对，作为作者，我不了解读者，我就不配写书，至少不配写畅销书。于是我开始每天在家刷 A 站、B 站，打着工作的旗号颓废了一段时间。

2016—2018 年，网红文化悄悄然形成了独立的商业流派，我网红，我值钱。我观察网红现象学到了一点，你要有文化、有观点，还得带有娱乐性，才能有观众。这是一个信息可以淹死人的年代。这一下我就急了，这么下去，我进步的速度是无论如何也赶不上媒体环境进化的速度啦！好吧，那我必须赶快把这本书给出了，写好写不好都得出。只要脸皮厚！

继续吭哧吭哧。感谢我的老妈，在我写书期间不辞劳苦地照顾生活不能自理的我。从夏天到冬天再到夏天，书写完了，我很忐忑，尽量不含容易过期的典故，以免被积压在书商的仓库。然后找来几位90后，微信群里红包一撒，来，给姐看看吧，一边担心红包给大了，人家不批评，只说好。反正最后试读读者给出了高度评价，我也总算是了了一桩心事。整理完稿子盘点一下字数，这本书前后几年下来，我居然一共码了四十万字，而拿来出版的还不足三分之一。真的说多了都是泪。

最后说说封面设计和排版。这本书的封面或者排版如果大家不喜欢，真的不要怪出版社和设计师，因为基本上都是我自己的想法。编辑老师跟我说，你去看看亚马逊留学类书籍的封面设计找找灵感吧。我一翻，勒个去，书名雷同到你根本就记不住不说，封面设计有一大半都是美国国旗、自由女神像，还有埃菲尔铁塔和袋鼠的特写镜头，不仔细看还以为是穷游出版的境外自助游全攻略；另外一小半是作者照片或者自画像，基本上都戴着眼镜，很权威的样子；拉出目录来看都有几分神似。我接受不了，我不能这么干，于是我的书就是现在大家看到的这风格。有时候我也会怀疑自己，留学圈人士大多都是文化人，属于教授或者学究流派的，应该不粉脑残萌文化；我这么看不上别人的封面和排版设计还说出来，是我没修养；然后我自己搞出来居然是这样的一个"童书"设计，真是敢于自秀审美下限啊。其实我曾经想过一种封面就是一个大白，没有任何设计，就写上什么 Sonia 老师的留学白皮书，这样还能省下不少设计费，结果被出版社老师无情枪毙；你以为自己是名人吗？！总之纠结了一圈以后，书就是现在大家看到的样子了，虽然跟我的理想还有差距，但我坚定地认为作为一本很有干货的留学书，可以适当长得个性一些，不会太丢人。这是我眼中的寓教于乐。

附录

商科研究生主流专业及就业去向

专业之一：持续最热的金融专业

一直以来，最热门的商科研究生专业当属金融。申请人选择金融专业多半希望以后在金融领域谋求发展。这一点我是特别地不理解：前些年投资银行一家接着一家地倒闭，现如今没倒闭的在裁员，没裁员的在降薪，没降薪的大大增加了工作量却不加工资，这行业咋还能如此吸引人，这专业咋还能这么火？好吧，无论如何，事实胜于雄辩，火就是火。

学金融，毕业以后当然可以进入金融行业。所谓金融行业，主要指投资银行、证券公司、期货公司或类似的高收入行业，也广泛地涵盖各种基金、商业银行和其他五花八门的金融机构，如世界银行、社保和养老金管理机构。除了传统的金融机构以外，金融专业的毕业生也可以选择进入与金融相关，但是更加偏财务、会计类的领域，如四大会计师事务所、企业财务部门等。跨度再大一些的还有加入管理咨询公司的。

总的来说，在这些行业就业前途基本是一片光明。无论如何，投行仍旧是许多人仰望的金领行业。小朋友大学毕业入行，工作几年便有机会获得数十万上百万人民币的年薪。累是累点儿，不过无甚大碍，反正年轻人也扛得住，不是去工作，也是去玩耍。关于投行到底是什么、做什么、怎么进入，推荐阅读《猴子的生意》，原著的英文名称为"Monkey Business"。这本书以第一视角吐槽和起底关于在投行工作的一切，非常经典。有时间有能力的同学最好读一读英文原版，原汁原味无翻译缺失，还能顺便学学英语。

年轻人在投行里面做几年觉得累了，或者年纪大了，身体不好，实在无法继续熬夜了，还可以转行去做私募、风投这等既有面子、又有里子的行业。日常的工作就是出出差、喝喝酒，也能继续潇洒地年入百万以上。用投资人的钱，购买创业公司的股票：如果不小心买了垃圾公司，赔了，就道歉，告诉投资人说，投资有风险；可一旦运气好，买入黑马公司，便有权分享天文数字的投资回报，一票赚够退休金。

没机会加入金字塔尖的投行？商业银行也是很好的备选。虽不如投行那么赚钱，但胜在工作、生活有平衡，不会太累，也不会太穷。加入世界银行或者金融监管机构这类机会是可遇不可求的：未来可以选择走仕途路线，做金融官员，管理金融行业；不想管了可以随时退休，还有机会去大型金融机构当高管。

万一的万一，毕业时不巧年景不好，没能进入经典的金融圈子，去四大和企业做财务工作也很好，工作几年后跳槽去投行等机构也是很常见的职业发展路径。

专业之二：不可低估的会计专业

会计专业常常被视为避免金融专业激烈申请竞争的入读名校备选方案，实在是受到很不公平的对待。我个人蛮喜欢会计专业，希望有志在商业领域谋求发展的同学都认真考虑选择这一专业。第一，会计专业的课程内容涵盖了金融专业的"核心干货"会计学、税法等，这些都是金融专业从业人员搞股票分析、企业估值等的必备知识和基本功，学好金融专业的关键也往往在于会计基础是否扎实；第二，在投行这个最核心的金融行业，从面试到工作，日常对话使用的都是"会计语言"，具备扎实的会计基础知识，是投行招聘的重要标准之一，面试中常考不厌；第三，会计专业学好，也有机会在毕业的时候直接进入金融行业或者工作两年以后转行进入金融领域，可谓殊途同归；第四，会计专业可说是仅次于计算机的容易留美或者移民的专业，毕业生比较容易在外国找到工作。所以，从所学知识、就业宽度、职业发展前景几个方面分析来看，会计专业并不输金融专业，反而是前者申请竞争小很多，所学知识"硬"很多，学费也相应地便宜不少。选择会计还是金融，凭兴趣喜好就好，无需纠结前者不如后者"高大上"。

会计专业的毕业生，传统的就业去向是四大或者加入企业的财务部门。

所谓"四大"指的是四家会计师事务所，而这四家事务所，几乎霸占了一个叫作"审计"的行业。审计虽然并非一个浪漫高调的职业，但是给新人提供的锻炼和提升的机会并不输投行或者咨询公司：因为大家都是所谓的"职业服务"（Professional Services）行业，都会获得很好的培训，都会被教给精妙的PPT和Excel制作技能；都要同时面对客户的挑剔和内部的政治；都要加很多班，都可能迅速升迁；都是顶尖商学院录取学生的传统行业，甚至常常一起服务同一位客户，而因此在同一个办公室协同工作。毕业生在四大积累几年经验后跳槽，可去投行，可去基金；虽然机会不多，但如果从一开始就看准机会，努力着谋定而后动，也是很有希望的。

如果选择进入企业财务部门工作，则无论大小公司，都是核心部门。近些年，悉数明星 500 强公司换血的领导层，新任首席执行官多半是前首席财务官（CFO）。这是因为上市公司拼的就是一张年报，因此对财务部门领导层的能力要求很高，毕竟财务部门的核心职责就是向监管机构披露数据，而这些披露则会直接影响一个大型上市公司的股价。不少想退出江湖的 Banker 都希望进入知名企业做 CFO。

企业内的财务工作又可细分为几个领域，包括预算与内控、管理企业现金流，少部分企业也包含投融资管理。预算与内控部门是帮助 CEO 运营公司的，告诉 CEO 他有多少钱可以花、又能够为公司赚到多少钱。现金流管理部门是企业的心脏，承担为企业供血的功能。如果说盈利是公司的业绩，那现金流就是公司的血液。如果预算与内控做不好，一个公司可能遭遇亏损；但如果现金流管理出了问题，再大的生意也可能顷刻崩塌。在现金流进流出数额巨大的公司里，如大型保险公司，管理企业现金流部门的员工地位很高。他们负责管理公司的全部现金，往往有几十、上百亿，做着几乎类似投行的工作，通过各种投融资手段，保证这些钱的保值升值，以及随时可用。在通胀超过 5% 的年代里，这份工作真心不容易。还有很多大型成熟企业，如通用电气，有着彪悍的投融资管理部门，因为这类公司盈利的核心战略就是收购一些有前途的小公司，把它经营好再拆分、上市或者出售。这些部门的不少员工都有在投资银行工作的经验，能够给新加入的小朋友们进行良好的职业培训。

专业之三：商科新贵"商业分析"

近几年，不少欧美名校纷纷开设了一个新的商科专业：Business Analysis（商业分析）。这是一个完完全全的新兴商科专业，它的兴起自然也是源于当代商业社会的最新变革。

大数据这个概念于 2012 年在《纽约时报》的一个专栏中被清晰地首次提出。短短几年来飞速发展，并随之出现了一批新兴产业。大数据，一言以蔽之，就是通过大量的数据收集、整理、分析，得出更加精确的结论，以帮助人们更好地做出商业决策和其他决策。而今，不少行业正在经历大数据化，比如互联网、广告、设计等行业。企业内部对于商业数据的搜集、整理和分析的需求日益增多，因而，对既熟悉商业又熟悉数学和计算机的跨学科人才的需求也相应产生。大学和商学院敏感地看到了这一趋势，纷纷设立数据分析专业。

商业分析专业的毕业人才正紧俏。无论是在美国还是中国，找到工作都不是难事。主流的工作去向有两类，一类是进入企业做商业分析类的岗位，一类是进入商业分析性质的咨询公司，为企业服务。无论是在企业还是在咨询公司，工作内容大同小异。

因为行业还太新，前景未知。但可以推知的是，作为新兴起的商业学术分支，商业分析专业在未来的十几年甚至是几十年里一定是大有可为的。

专业之四：时尚有趣的市场营销

无论是文科生还是理科生，甚至是无论本科是什么专业背景，都可以申请市场营销专业的研究生。在美国的大学里学市场专业可是一个相当享受的过程。在校期间除了可以学习各种理论、学会搭建各种模型，还有不少机会做有趣的案例，去企业实践，亲自尝试自己的创意。

学习结束，最直接的出路是加入 500 强公司的市场部，只是这类工作绝大部分中国学生必须要回到中国才能找到。因为语言文化的差异，中国留学生其实很难真正地融入美国社会，很难通过在美一两年的学习就真正了解美国价值观，懂得美国人从小到大看的电视电影、吃的食品和内心深处遵循的思维逻辑。就好像是一个老外中文再好，你跟他聊老北京的胡同和前门的风筝，或者上海的石库门，他多半都不能理解其中的文化底蕴以及这些文字背后的深层含义。如果一个人对一个群体思维方式的根源理解不够，他是无法胜任市场营销这类创意性和需要影响力的工作的。因此，做市场营销类工作的毕业生，多半需要回到中国本土。

在以宝洁为代表的市场导向的快速消费品大公司里，市场部的小朋友们大都前途辉煌。升迁最快的品牌经理很可能在毕业加入公司五年后拿到超过五十万人民币的年薪。市场营销是一个既靠经验也靠天赋的行当。刚入行的员工，只要做对事情、执行力强就是好员工；随着职位的升高，权限的扩大，高级员工需要强大的决策能力、预见力和对市场、对消费者的判断力。这种能力多半来自天赋，教育背景和工作经验都帮助有限。

大公司市场部的工作主要分为三类，一类是做品牌，一类是做活动，一类是做所谓的"销售市场"。所谓做品牌，就是通过设计广告、宣传品、客户活动等向潜在消费者宣传公司的品牌形象，给客户洗脑，让客户爱上一个公司。这是一种看大局、着眼长期的工作。一个品牌经理经常需要思考类似这样的问题："我需要我的产品给消费者什么样的印象？质量好？价格高？还是小众？我该如何做到这一点？"这种目标的达成往往需要持续统一的广告宣传投入。做活动的工作是代表公司组织具体的活动，热闹很多，也有趣很多。活动类型包括：产品发布会、客户答谢会、明星见面会等。每一个场合都花费不菲，每一个活动都新奇有趣。工作就像是一场场的历险，阶段性的兴奋，阶段性的成就感，螺旋上升，非常好玩。相比之下，销售市场的工作则是压力最大、最实际的。因为他们的工作着眼于眼前的结果，每一笔开销、每一次活动、每一个宣传都要贴近客户，都紧跟着实际的销售指标：是不是这笔钱花出去公司就能有进账？虽然这类职位压力大些，但也往往更加受到领导的重视，也更有可能内部转岗去做更刺激的销售类的工作。

学了市场营销却不想在市场部干活的同学们，也可以尝试进入市场调查和数据挖掘类的咨询公司，如尼尔森。在这样的机构里面，分析师和咨询师用市场营销的基本理论和分析方法，用公司或者第三方数据库从广大消费者手上收集到的"大数据"，为 500 强公司的市场部提供战略和工作指导建议。

如果上述的选择都不喜欢，还可以考虑加入 4A 广告公司，如奥美广告。在这样的公司工作，生活惊险刺激，充满挑战，充满创意，颇有些类似电影《穿普拉达的女魔头》里面所描述的那个纸醉金迷的名利场。钱不少赚，还能结识一票时尚的美女帅哥。

专业之五：另辟蹊径的公共事业管理

公共事业管理专业，英文缩写 MPA，近些年成为本科毕业生申请商科研究生的新热点。该专业主要是为有一定工作经验的人士开设的，部分学校也接受没有工作经验的申请人。简而言之，MPA 是进入名校的捷径，虽然不是商科，却跟商科有很多类似之处。

有很多人会把 MPA 跟 MBA 做对比，认为这两个专业区别不大。MBA 是工商管理硕士，是为有一定工作经验的人士提供的职业转型和进阶的跳板，很少接受本科毕业的申请人。毕业生的主要就业去向是企业，以进入金融、咨询和大公司的总经理培训生项目为主。而 MPA 是专门培养公共事业管理人才的，有无工作经验的学生一半一半，毕业生的主要去向是加入政府或非政府组织，比如联合国，比如世界银行。如果套用中国的大学毕业生就业去向，就是所谓的走公务员路线。

翻看过去几年美国 MPA 项目就业报告，特别是看看那些顶尖名校的 MPA 项目，如哈佛肯尼迪学院，主要招聘企业的名单中也不乏顶尖投行、咨询公司，著名企业更是排成长串。真是"名校毕竟是名校"。所以我认为，通过读 MPA 专业进入一流名校也是很棒的选择。毕业后有机会加入世界银行或者联合国这样的组织，一来积累的都是高层次人脉关系；二来若干年后退出，也能去很不错的企业做顾问，名利双收，且不劳苦，何乐不为？

专业之六：低调有潜力的供应链管理

随着阿猫阿狗们的日益壮大，物流行业在中国茁壮成长。虽说整个行业的进入门槛并不高，从业人员的平均水平也很低，但要做个出色的管理者并不容易。麦肯锡的咨询报告曾表示，在中国，物流行业还很原始，可说是方兴未艾，传统物流虽然繁荣，但冷链物流、特殊品物流等服务还有很大的缺口和发展机会。随着人力成本的提升，物流行业的自动化和高效率化也会继续，相关领域的人才需求自然持续升温。

供应链管理专业的毕业生们可以在专业的物流公司或者在企业内部的物流部门就业。这是一个相对小众、封闭且专业的行业。在这个领域就业并不困难，人才需求也持续旺盛。唯一的担忧可能是这个领域的平均薪酬水平很可能没有金融、咨询、财务、快消等行业高，而且工作范围较窄，一路做下去转行的机会并不多，做着做着厌倦了可就麻烦了。

简历撰写指南[1]

简历之于申请至关重要，但却容易被忽视，用一天半天、甚至一个小时匆匆地完成，还带着新鲜的语法错误和多余的标点符号就被送到了招生官手上。要知道，商学院最最关心的莫过于校友的前途。说得再直白点，就是招进来的每一个人能否通过新包装和再教育高价卖出。一来毕业生就业水平是确保学校排名能否常升不落的重要指标，二来学校也希望校友事业有成，多多捐款。

评判一个学生未来能否顺利就业，最直接的方式就是看简历。对于商学院的学生而言，申请简历即是日后的求职简历，至少两者的工作经历部分是相同的，并应切合求职目标，也就是一道几乎所有商学院申请文书的必答题 short term goal。让

---

[1] "简历撰写"指南内容改编自作者旧作《做更好的自己》。

简历体现职业目标也就是在简历里展现你具备达成自己短期职业发展目标所需的各项基本素质。说的再直白一点，就是拿着你现有的简历，在教育背景部分加上某某顶级商学院的大名，便足以获得目标公司的面试机会。MBA 们在校两年，除了实习以外，职业进步几乎是没有的，简历的最大改变无非是学校的名字。而暑期能获得什么样的实习机会，也多半是取决于现有的简历和面试技巧。面试固然可以到了学校以后再练，简历总不能让时光倒流重新来过了吧？所以招生办的工作人员一定会评估，以申请人目前的简历，加上学校的名气，能否实现 essay 里所描述的职业目标。这就是为什么简历一定要紧紧围绕职业目标展开。

在商学院，修改简历可是个高级活儿。各个顶级商学院都有一个叫"Career Development Center"或者"Job Placement Office"等的部门，翻译成中文就是就业办。就业办的指导老师大多曾是咨询公司、投资银行的高管。每年新生一入校，就业办的老师们就开始组织大家写简历。每一份简历都要给同班同学、高年级同学、资深校友、老师等等，几个甚至几十个人改来改去，一直改到一个单词、一个标点也再难添减的程度。

根据个人经验，简历的撰写可以分为四个主要步骤，以下将会一一细说。开始之前先作声明，这些方法仅代表个人意见，且仅适用于北美和欧洲商学院申请，绝非写好简历的唯一方法，仅供读者参考，欢迎批评指正。

我的四步骤简历撰写法：

第一步：素材挖掘；

第二步：写出一行完美简历；

第三步：逻辑与排序；

第四步：完善和修饰。

第一步：素材挖掘

准备申请商学院的各位，必然是成就非凡、经历丰富的青年才俊。二十几年的辉煌人生，要浓缩在短短数百单词的简历中并非易事。在落笔成简历之前，要先盘算清楚自己的种种经历中哪些需要包装、哪些需要舍弃。这个判断的标准就是职业发展目标。

不妨把自己放在目标公司的人力资源部主管的位置上思考一下，哪些求职者的简历会引起公司的兴趣、获得面试呢？每种职位对人的要求各不相同，这些要求笼统来说分为工作经验和相关技能两大类。有相关经验当然最好，对于想要通过MBA转行的求职者，至少也应具备相关的技能。

行业/职位	工作经验	相关技能	备注
投资银行	基金等投融资机构 投资银行 商业银行 兼并收购（M&A） 审计（四大） 企业内部财务部门 风险分析和控制 保险业 政府的财政管理机构 咨询（并购咨询）	对金融行业的热衷 极强的人际交往能力 会计学 金融学 经济学 数理模型分析 行业分析（各个行业） 讲演 长期高强度的超时工作 抗压力抗打击能力 目的性强 热衷成功 渴望金钱	不同的投资银行对人的背景要求不大相同，有的银行只喜欢有财务背景的人，有的银行相对比较宽容。但是总的来说，在年景好的时候，只要软件达标，想做投行都不是很难；在年景不好的时候，就算两方面都强，也需要合适的机会。

（续）

行业/职位	工作经验	相关技能	备注
咨询公司	咨询公司 企业内部咨询 企业战略部门 策略研究	超出正常人的智力水平 逻辑思维能力 人际交往能力 快速学习能力 在压力下工作的能力 辩证地分析问题 分析和解决复杂问题	咨询公司的要求相对较宽，只要申请人智商够高，工作背景相对不很重要。除了有大咨询公司背景的会受到优先考虑以外，各个行业的专家和什么部门都做过的通才也很受青睐。
管理培训生	企业管理 管理咨询 战略咨询	领导力 团队协作能力 沟通能力 学习能力 对企业各个部门的广泛了解 通才	公司最看重管理培训生的领导潜力。不同的企业也可能会希望申请人具有相应的行业背景。
财务	基金和其他投融资机构 投资银行 商业银行 兼并收购（M&A） 审计（四大） 企业内部财务部门 风险分析和控制 保险业 政府的财政管理机构 咨询（并购咨询）	会计学 金融学 经济学 数理模型分析 公司财务基本知识 了解金融市场	公司财务大多要求申请人有财务背景，有扎实的财务知识和相关经验。相对而言领导力和人际交往能力就不是非常重要了。

　　具有银行和咨询背景的申请人之所以更容易申请到好学校，就是因为以他们的现有背景，更容易找到理想的工作；即使没有，也很容易被好的公司

高价接盘。

所谓素材挖掘，即是对照目标职位对一个求职者的工作经验和相关技能的要求，列出所有的相关成就。一来求全面，即最好目标职位所要求的全部工作经验和相关技能；二来求深入，即虽然是同一种经验或是技能，但毕竟表现空间有限，读者时间与耐心都有限，务求选取最具代表性的事例，而非拉拉杂杂地列出全部的相关项。同时特别强调，这里需要列出的是成就，不是行为，不是工作职责；是需要说明你可以办成什么事儿，而不是你曾经尝试办过什么事儿，或者你曾经被领导分配过去办什么事儿的。通常而言，一份简历可以容纳 10 到 15 条事例，即 bullet points，何取何舍，绝对是一个值得认真思考的问题。

不但要想明白简历中要写哪些事儿，也要想明白这事儿怎么写，因为没有一个工作是单纯的。比如一个工程师可能是一个程序的设计者，主要负责编写代码和测试程序，可能还在编写过程中做了一系列的客户调查；比如一个销售项目强调销量，可以证明申请人是一个成功的销售人员，沟通能力强；同样是这个项目，如果强调协调多个部门共同作战，则可以体现申请人的领导力。究竟需要在简历上表现哪一个方面，要根据职业发展目标做选择。

只是挖掘职业成就还不够。教育背景和个人信息部分同样需要深入的挖掘和认真的包装。商学院不仅仅重视一个人的职业成就，也很关心这个人的个性。学校不仅希望找到一个品学兼优的好学生、一个事业成功的经理人，还希望招进来的是一个"拼命工作、拼命享乐"的"派对动物"。这个人最好要有社会责任感，热衷于利用业余时间改变社区人民的生活状态。一来在学校大家将会朝夕相处近两年，书呆子是不能被接受的；同时受到西方社会"以人为本"精神的影响，学校相信，一个人的个性应该得到充分的发挥，每个人都应该努力做自己喜欢的而不只是表面光鲜的工作。学校希望知道自己的学生在没有生存压力且几乎没有回报的情况下会做什么。因为商学院旨在培养真正有影响力的商界领袖，而非简简单单的"C×O"，所以学生不但要优秀，更要具备非凡的人格魅力。

所以，个人信息不但要写，还要写出新意。我看过不少人制作简历，用一分钟就完成 personal 部分，毫不费心地写上了爱好读书、旅行，或者是中英文流利。不是说读书、旅行不能写，而是被写得滥俗的东西一定要三思而后写，别让老外认为每个中国人都在飞机上看书，都爱旅行，都徒步去过西藏；至于中英文流利，这简直是在挑战 GMAT 和 TOEFL 考试的权威性了。请问假若某君中文不流利他还算得上土生土长的中国人么？英文都不流利，托福成绩是怎么出来的？所以这些在我看来都是属于绝对应该被省略的内容。因此，在个人信息一栏中千万不要人云亦云，一定要要好好利用这个部分来反映自己真实和独特的个性，利用这部分信息让学校对你这个人产生浓厚的兴趣。谁会不喜欢一个兴趣广泛、性格可爱的人呢？要想在众多事例类似、乍看上去好像只是公司名字不同的申请简历中脱颖而出，花点时间刻画一个别致的自己，绝对是别出心裁的做法。

第二步：写出一行完美简历

准备好了材料，下一步是初级加工：用商学院习惯的优美商业英语，将精心筛选出来的这些成就变成一行行的完美简历。

一行完美的简历也有它的特定格式，最理想的是这样的：由动词的过去式开头，以一句话详细说明在什么情况下，和什么人（领导他们或者与他们合作），做了一件什么事情，结果如何。这就是所谓的 STAR 格式：Situation（情况），Target（目标），Action（行为）和 Result（结果）。比如："带领一个 10 人销售团队，通过开发新的大客户的方式，将公司××机器在 2010 年的销量提高到 100 万台，较去年提高 30%，被授予 CEO 最佳销售奖（该奖项每年 10 名）。"

开头的动词是一行优美简历的核心。因为动词表示申请人曾经"做"过什么，是工作能力最直接的展示。比如，用到 integrated，就代表一个人具备协调多方资源、创造协同效应的能力；用到 negociated，就代表一个人讲话很厉害，口才很好；用到 modeled，则暗示这个人数学很行，擅长建立模型。

只是动词好还不够，这行简历还应该简短且有说服力，不但说明申请人做了什么事儿，还要说清楚这些行为产生了什么样的结果。在说明结果这个环节上，善用数字是个捷径。比如，单说一个人跑得快啊跑得快，说 100 遍还是苍白；但是只要说某个人百米跑了 8 秒钟，那就真的是很快了。因而要尽力量化简历中的每一个成就。比如说，一个出色的销售，就要写出自己每年的业务增长的百分比，最好再提供对比的 bench mark。使用数字的方式有很多：可以是完成的实际业绩，比如达到多少销售额，组织了多少次市场宣传和活动，节约了多少预算；可以是取得的名次，比如 top 10 的学习成绩，十大优秀员工等，同时最好提供比例数据，比如在一个 100 人的班集体次次都考第一名；还可以是百分比，提高百分之多少的业绩，降低百分之多少的成本，完成全公司百分之多少的销量，几乎任何的改变都可以用百分比来表达。老外比较习惯看对比数据，多认为百分比比实际数据更有说服力。

可是并非所有的成绩或者所做的工作都可以被写成这样的格式。如果受客观事实制约，使得该句型中的某些元素缺失，那最少也要写出行为和结果。比如：制定和执行了××产品的促销计划，促销期间该产品销量较平时提高了 50%。也并非每件事情都有一个确切的数据，如果实在没有数据，也可以用"若干"、"数十位"等表达方式来取代，甚至可以直接写上"估计"、"预期"等字眼。

写完了还不算完，还需要反复修改。拿出你写的简历，交给同行的和不同行的朋友们都读一读，请同行帮你判断这成就是否够醒目，够犀利，请不同行的朋友帮你把关，这件事儿本身你有没有表达清楚，会不会让招生官读得云里雾里，摸不着头脑。经过如此的反复修改，直到改无可改。

第三步：逻辑与排序

辛辛苦苦，终于写好了十几行的完美简历，接下来的工作就是将他们组合排列在一起了。

先说组合。一般来说，可以按照工作过的职位由最近写到最早，也有按照参与过的不同项目，涉及过的不同工作领域进行组合的。不管采取何种方式，都应注意体现职业进步。因为商学院通常会采用类推法去判断一个人未来能否成功：这个人过去的优秀与成就可以证明其未来的优秀与成就。所以说，整个简历应该着意刻画一颗冉冉上升的新星形象。职业进步可以通过职务头衔的转变、职责范围变化、部门调换、涉及项目的重要性等等方式来体现。

再说排列。就像电视有黄金时段，一份简历也有黄金位置。因为受先入为主的第一印象的影响是人类判断力最难克服的天生短板，所以职业经历部分最黄金的位置是整份简历自上而下的第一行，其次是每一段职业经历下面的第一个 bullet point。毫不犹豫地，把最光鲜最耀眼的成就放在这里，其余依次递减。

第四步：完善和修饰

排列组合好了所有的内容，还要为简历锦上添花，做好修饰。

简历格式的第一要求就是一页纸！

"我工作经验丰富，成就无数，一页写不下啊！"第一，现在商学院学生越来越年轻，简历不应该很长。第二，简历不是回忆录，不是用来记述成长心路历程的，只是用来展示最成功的瞬间的，根本也不需要很长。所以简历就是一页纸。甚至从某种意义上说，简历越简单越好。例如，我从来都认为比尔盖茨的简历只需要一句话：The founder of Microsoft。无论什么时候都要牢记：和商学院打交道，少就是多。商学院的人都忙得很，没有时间可以浪费，也普遍缺乏耐心。不要通过调整边距、行距、字号来加入更多内容。招生官手上有几百份申请材料，某一份简历明显比另外一份拥挤那是一眼就能被看出来的。设想招生官如果拿到一份字号奇小，还密密麻麻的让人看半天也找不出重点的简历，心情一定不好，难免下意识地扣掉几分印象分。

同时，这一页纸应该打扮得美观大方。

招生办的人还没有正式开始读内容，已经对简历的格式有了初步的印象。简历长得够不够"专业"直接决定了第一印象的好坏。每个商学院都有自己的简历模板，格式、字体、字号都有详细的规定。所以申请的时候，最好能够找到这个学校的模板，照样制作自己的简历。因为简历是不是美观，不由申请人去判断，而是学校和招生官说了算。如果一个学校选择某种格式的简历，那至少说明这个学校的某些重要决策人喜欢这种格式。申请人完全没有必要做任何修改，以免画蛇添足。

因为简历是一种特殊的文体，语法和用词本身就具有其特殊性，不是受过良好教育的母语者都搞不定，对非母语者来说就更难了。更难的是把握语言的准确性。简历要求语言精炼，直接切中要害，且没有歧义。所以要使简历完美，一定要多请人看，根据意见，不断完善。简历修改人里最好包括一名英语母语者。

简历模板示例：

```
                    FIRST-NAME LAST-NAME
         Address • City, Country Postal Code • Phone Number • Email Address

EDUCATION
           Top Graduate School of Business Administration              City, Country
           Candidate for Master of Business Administration, June 2050
              • Bullet Point

EXPERIENCE
Year-Year  Company Name                                                City, Country
           Division, Position
              • Bullet Point

Year-Year  Company Name                                                City, Country
           Division, Position
              • Bullet Point

PERSONAL
              • Bullet Point
              • Bullet Point
```

各学校简历模板可查询 ChaseDream 论坛下载。

前文说了很多理论，可能难以理解，请参考简历修改示范，看一看商学院的指导老师们是如何把一份简历改到亲妈也说实在太美的。

▶ 例文 1

原文：Bachelor of Engineering; Major: Telecom Engineering; GPA 3.5

修改推荐：Bachelor of Engineering, GPA 3.5, rank top 1% in class and graduated as honored student

修改原因：单纯说成绩的说服力不如说排名，特别是对中国学生而言，GPA 往往没有统一的换算标准，每个学校的 GPA 含金量都各不相同，所以说排名的百分比最直观。这样，对于 GPA 不高而排名高的同学，也可以用这个方法来说明实际的成绩。因为美国人评估成绩并不只重视绝对分数值，而是更看重排名。

▶ 例文 2

原文：Awarded Dean's scholarship in year 2004

修改推荐：Awarded Dean's scholarship for outstanding academic performance, top 1%

修改原因：秀获奖经历本身很重要，但更重要的是要说明白这个奖有多难获得。哪怕是奥斯卡大奖，如果见者有份，也不稀罕啊。因此说清楚为什么获奖也同样重要，特别是对于 GPA 看起来不高的同学，如果能写上因为学习好而获得奖学金，那计算 GPA 的数字游戏自然而然地可以避免啦。

▶ 例文 3

原文：Was class mater for four years and organized more than 10 group activities

修改推荐：Elected by 100 students as class mater for actively organizing group activities, such as annual University Asset Management Competition

修改原因：在简历中写明在学校担任的社会职务，其目的无非是展示领导力。突出领导力的方法不是单纯地引用一个职务的名字和任期，更重要的是展示自己受欢迎的程度和在位期间的作为。如曾经组织过很有特色的校园活动，既体现领导精神，又体现了创新精神，可谓一举两得。

▶ 例文 4

原文：Turned around the company by exploring new clients like ABC to acquire $999,000 annual order and developing partnership with DEF and secured $100k annual order in 2006. Boosted company profit by 8% while industry profit declined by 7% due to the financial crisis

修改推荐：Explored two new clients and enhanced existing partnership, which brought $10 million revenue and increased company profit by 8% while the entire industry operated at a loss due to financial crisis

修改原因：原文使用了很多数字，这个很好，但是却使用得很混乱，格式不统一，对比没有实际意义。更严重的是，原文的一句话试图把很多个不同的意思揉在一起，反倒使得读者无法读出重点，甚至感到迷惑。每一句话有一个重点就好，想清楚重点，放弃不必要的信息。

▶ 例文 5

原文：Managed a five-year bottom-up, multi-scenario cost forecasting model for ABC company

修改推荐：Designed a multi-scenario cost forecasting model which was expected to save the client $X million in five years, brought up operating margin from 9% to 10%

修改原因：manage 是一个最好别用的动词，就好像所有的动词都可以简单地用 do 来替代一样，动词越具有实际意义越好。同时无论做了什么，最好都强调对公司的经济意义。

▶ 例文 6

原文：As the Asia sourcing coordinator, was in charge of ABC Europe competitive programs in Low Cost Countries, cooperated with the sourcing team in Malaysia, Thailand and Vietnam, drove the grow for ABC Europe lighting business and reviewed with CDE Europe CEO weekly. Finally, successfully completed 20 projects and moved $25 million business to Low Cost Countries.

修改推荐 1：Identified and signed high quality vendors in low cost countries, who saved 20 projects more than $25 million so far

修改推荐2：Set up and sustained high quality vendors for lighting business in low cost countries include Malaysia, Thailand and Vietnam, quality was maintained though weekly business review with business CEO

修改原因：首先，这个写法犯了一个低级错误，就是没有用动词开头，并且在任何时候，我都不推荐一条简历超过4行。准确地说，两行半最多。第二，这一连串的经历看似很强大，实则很空洞。修改推荐了两种不同的写法，可以从两个方面来展现申请人不同的素质。选择哪种，视需要而定。

▶ 例文7

原文：Earned the fastest promotion from analyst to associate due to outstanding performance

修改推荐：Promoted from analyst to associate in one year, fastest among 190 peers in the China region

修改原因：没有比较就没有谁更优秀，也可能在一个公司里面所有的人都很优秀。即使是一个职位的晋升，也要写出对比来。Earned这个词用这在里有些奇怪，不够专业。

▶ 例文8

原文：Trained and mentored newly hired engineers since May. 2005, and resulted in every engineer being able to master project process technically and functionally in about half a year

修改推荐：Delivered both professional and on job training to new hire engineers in team, over 40 were mentored during last two years and 100% were qualified within six months

修改原因：公司内部培训的经历不是很容易写。原文没有强调数字，也没有强调结果。修改的例文也不够完美,因为没有说明公司要求的上岗培训的时间,最好能再加上"6个月是公司要求的上岗培训周期"。

特别提示:很多简历,因为语法和公司业务的特殊性质等原因,读者理解困难,或者有歧义。能够清晰明白地表达出作者的真实意图,是写出一份好简历的最根本也是最重要的要求。

申请文书写作圣经

发现我的内在动力

内在动力是申请外国名校的最大秘密。鉴于此,关于申请材料的准备,指南性的文字我最推崇的是斯坦福大学官网上的一篇文章。我觉得此文虽短,但却精辟地道出了关于外国学校申请文书准备的最本质东西。虽然这篇文章本身是讲关于MBA的申请的,但对于所有的商科专业的申请,对于所有的申请文书的写作都颇具借鉴意义。这篇文章的中文翻译稿如下(部分有改编)。

写出有效的申请文书[2]

不管申请的结果如何,我都坚信你会从商学院的申请过程

---

[2] 翻译自斯坦福大学商学院网站,原文现已被撤下,本书最后列出了原文供读者参考。

提供给你的系统地反思自己的机会中获益。我希望你能够把申请过程作为一个了解自我的方式——这是目标——而其副产品是你提交给我们的申请。

在生活中我们几乎从未被要求竭力思考什么东西对我们而言最重要。斯坦福教授 Bill Damon 的《道德优势：如何做正确的事而在商界取得成功》中的这一段话可能会有助于你在埋头写申请文书的时候保持更开放的思路：

"我们往往意识不到驱动我们的原动力。当我们的注意力集中在'如何'这类问题时——如何生存，如何前行，如何让我们的名字为人所知——我们往往忘记了帮助我们找到并坚持最好的路线的关于'为什么'的问题：为什么要追求这个目标？为什么要采用这种行为方式？为什么想要这种生活？为什么要成为这样的人？

"这些关于'为什么'的问题会帮助我们意识到我们最高的理想和最真实的兴趣。为了很好地回答这些问题，我们必须决定什么对我们最重要，我们对自己的职业能够做出怎样的贡献，什么是追寻这些目标的正确的行为方式（与错误的相对照），以及'我们想要成为什么样的人'这一终极问题。因为全世界的每个人，都希望过着让人羡慕的、有意义的生活，所以关于'为什么'的问题不能被长期忽视，否则会危害一个人发展的稳定和成功的持续。这就好似忽视航船的舵轮——无论你如何悉心照料这条船的其他部件，你多半最终迷失于海上。"

申请文书的理念

斯坦福 MBA 项目的申请文书为你提供一个找寻自己"最真实的兴趣"和"最高的志向"的机会。你的推荐人写的推荐信是别人讲你的故事，而申请文书是你自己讲自己的故事，什么对你最重要、为什么，以及你觉得你会如何对社会做出最大的贡献。请把斯坦福申请文书看成是纸上的谈话——当我们阅读你的材料时我们感觉见到了你,也可以称呼你为"纸上的朋友"——并且自然而真诚地讲出你的故事。

我们阅读你的申请文书的目的是了解使你前行的原动力是什么,以及你是如何成为今天的自己的。我们也有兴趣知道,你希望斯坦福的MBA项目帮助你成为怎样的人。

真实反映你自己的和有深度的申请文书能帮我们想象出那个躲在申请资料其他部分所描述的经历和成就之后的你究竟是一个怎样的人。

对这些文书的最重要的建议其实最简单:就是要回答问题,回答问题的每一个内容。另外一个文书写作的建议也同样很直接:在写之前要好好想。我们希望对你有一个整体的印象:你的价值观、热情、想法、经验,以及志向。

申请文书1:What matters most to you, and why?

在这篇短文中讲一个故事——讲一个属于你自己的独特的故事。

直接地和真挚地写这篇短文。这可能听起来有点奇怪,因为这是申请商学院的文书,但是我们真的不希望在这篇短文里只听到你的工作经验(虽然,你当然有自由想写什么就写什么)。请记住我们有你的完整的申请材料——工作经验、推荐信、短问题回答等——来了解你的成就和你造成的影响。在这第一篇短文里你的任务是把你生活里的人物、场景和事件用你所坚持的价值观和你做的选择联系起来。这篇短文给你绝好的机会来了解你自己!

很多好的短文描述"是什么",但是更好的短文则会更深层次地描述这些事情"怎样地"和"为什么"影响了你的生活。

申请者最常犯的错误是花太多时间讲述"是什么",而没有充分阐述那些引导着你的行为、选择、态度和目标的原动力。"什么对你最重要,为什么?"这是一个应当以私人方式回应的私人话题。故此,请确信我们欣赏及奖励深思熟虑的自我评价和适当程度的自我表露。

申请文书 2: What do you want to do—REALLY—and why Stanford? (450 words)

在第二篇文书里,请注意这个题目包括两个分开的但有关联的问题。两问都要回答啊!首先我们问你真正想干什么。告诉我们你梦想做什么。你不需要因为惧怕你的真实目标不是我们想要看到的,就给出一个"安全"的答案。我们要看到的是真实。在斯坦福毕业后你觉得最好的自己会成为什么样子?MBA 毕业后在职业生涯中你希望产生什么样的影响,怎样做到?

告诉我们在你内心,你希望达成什么目标。什么样的梦想给你生活带来意义?你打算怎样施加影响?我们赋予你广泛的权力来预见你的未来。请好好利用它。当然,如果你的目标还不清晰,你也许会很难解释为什么你需要一个 MBA 来实现你的目标。在回答这些问题时,请对自己也对我们坦诚。你不需要编织一条路径,但是你需要一定程度专注的兴趣来最大化你在斯坦福学习的效用。

接下来,我们问你为什么选择斯坦福。斯坦福的 MBA 课程会如何帮助你实现你的梦想?这里的关键是你应该对你在斯坦福的学习有目标。你计划如何好好利用斯坦福的大好机会呢?你预见你会怎样在斯坦福商学院里贡献力量、成长和学习呢?斯坦福的学习经验又会如何帮助你变成你在文书 2 第一部分里描述的那个人呢?

从文书 2 的两部分中,我们需要了解你的梦想,它们是如何形成的,以及斯坦福如何帮助你成就梦想。

短文题 3：Short Answers

不同于前两篇短文需要你从更整体的角度阐述你的人生，这些问题要你描述过去三年内的一个具体的，改变了你和／或你身边的人的事件。

最好的回答要能够描绘一个生动的画面来把我们带入那个时空，讲述你做了什么和怎样做的。请加入支持性的细节。什么导致了这个状况？你说了什么？他们回应了什么？你当时怎么想的？你当时感觉如何？请详细地描述当时你的想法和感受，以及你对别人的回应的理解。通过你的回答，我们将"在行动中"想象出你的形象。

好人可能给出坏的建议

说完具体的文书和短文题，我想讲讲几个传说：

传说1：在申请文书中告诉招生委员会什么使你独特。

这经常让申请者认为你需要展示不寻常或者与竞争者们不一样的成就或功绩（比如，到异国旅游或谈论自己人生中的某个悲惨时刻）。但是在你不知道其他申请人的背景和他们选定的题目时，你怎么知道你的哪项经历是独一无二的？让你独一无二的，并非你的这些经历，而是这些经历和其他日常经历是如何以及为什么改变或者巩固了你的观点。

这才是一个只有你才能讲述的故事。如果你集中精力告诉我们你是谁，你的独特性会自然而然地显现出来；如果你的目标是表现得很"独特"，你实际上很有可能适得其反。

说实话，我们每年读到的最令人印象深刻的申请文书并非为打动我们而写。

传说2： 有一种流传很广的传说，如果你没有非常好的短文，即使你是个优秀的申请者你也不会被录取。

请记住你的申请中没有一个单一元素能够决定成败。因为我们认识到我们的申请材料有局限性，我们经常性地提醒自己关注申请者而不是申请材料本身。

这意味着不论你的申请文书写得如何，如果我们通过申请材料的其他方面对你的整体印象感觉良好，我们依然会录取你的。是的，申请文书很重要。但是它们不仅不是我们了解你的唯一途径，而且对于录取过程的影响力也并非不可理喻地巨大。

会计学 VS 营销学

几年前在一次休斯顿的校友讨论会上，1994年MBA毕业的校友Leo Linbeck跟我说的几句话，我至今一直觉得十分恰当。

Leo说，从管理学的角度讲，斯坦福申请文书并非一次营销实践，而是一次会计实践。

这并非对观众/客户（比如，录取委员会）察言观色后，写下你相信我们想听到的话的过程。这是一个让你自我审视、然后尝试清晰地表达你是谁的过程。我们会尽力弄清你的观点、你对管理和领导力的想法，以及斯坦福可以如何帮助你实现自己的目标。

当你完成了商学院的申请过程，我相信你已经获益于一个进行系统的自我认识的机会——不管结果如何。我希望你能把这个申请过程当作认识自己的一种方式——这才是真正的目标——你完成并提交给我们的申请材料只是副产品。

正如 Damon 教授一定会说的，我们帮助你确保你的船舵引领你进入正确的港口。（这句话就不必放入你的申请文书中啦。☺）

Derrick Bolton, MBA 1998
MBA 招生 副系主任
2012 年 6 月 21 日更新

结论

斯坦福大学的招生官已经在网站上说得明明白白，申请材料做得好不是万能的，做不好却是万万不能的。我曾在斯坦福的宣讲会上见过 Derrick 本人，并向他求教关于人才选拔（也就是招生工作）的看法。"本科成绩重要吗？"我问他。"很难相信你还会考虑这个。"他笑得非常爽朗。

商科文书写作推荐阅读清单

第一本：《On Writing Well》

出版多年，长销不衰，经典就是经典。

这本书应该是暂无中文版的，至少我没有找到，只看到了网上流传着的一个很有趣的中文书名翻译，叫作"如何靠谱地写作"，实在贴切。这本书其实是写给英文母语者看的，帮助会说英语的人更好地写作。所以其实你看，一个人会英语并不代表会用英文写出出色的文章。我们从小都会说中文，还是有小学作文不及格的同学，不是吗？

这本书讲述的是英文写作的一些基本原则，比如如何架构一篇文章，如何组织一个段落等。我建议每位开始学习用英文写作的同学都从阅读这本书开始补课，像一名小学生学习写作

文一样开始学习写英文文书。

第二本：《哈佛成功申请文 50 篇》

这也是本十多年的旧书了。这本书，还有其他几本哈佛成功申请文书系列读物，可谓经典中的经典，圣经中的圣经。

十年前，申请人们写着这样的申请文书被哈佛大学录取了。十年后的今天，这些申请文书仍有借鉴意义，只是力量没有当年那么重了。因为录取形势逐年改变，标准逐渐提高，招生官们欣赏的文书也是过几年就变一种新的样子。

在申请初期阅读这套文书，最重要的意义是帮助申请人了解"申请论文"的几类主流文体，以及独有的行文结构。在这里也推荐一个阅读小窍门：集中一段时间，两个小时或者是三个小时，集中阅读十几篇哈佛成功申请文书；一边阅读一边思考，这些文书的优点是什么？不足是什么？对比他们的异同，领会文章结构之外的"精要"。毕竟，好的申请文书的标准是：招生官读了觉得好！这是一个很软性的、需要用心领悟的标准。

第三本：《像 TED 一样演讲》

这是近些年来随着 TED 的流行持续热销的一本书。

TED 风潮席卷全球，各行各业的精英们登台讲话，话题涉及科技、教育、社会等各个方面的新发现。所有的讲演，虽然短小精悍，但无不有深度、有见解且风趣幽默。TED 讲演的风格，是生动的讲故事风格，是用最短的时间影响听众的风格，也是美国大众最热捧的叙事风格。当然，这是有套路的风格，《像 TED 一样演讲》就是对这种风格的总结。

申请文书就是向招生官讲述自己的故事。所以，申请文书中的故事应该用美国人最喜欢的风格来讲述。学习这种风格，就是学习美国人最喜欢的叙事风格。

除了读这本书以外，多看 TED 讲演，对申请文书的写作也大有裨益。

第四本：Effective Essays

这并不是一本书，却是我个人最最钟爱的申请文书写作指导材料，没有之一。

这篇文章是担任斯坦福大学商学院招生办主管长达十多年的斯坦福校友德里克先生（Derrick Bolton）所写的。文章不长，却是字字珠玑地描述了他所认为的用于斯坦福商学院的最佳申请文书是什么样子的。

在我从事申请咨询工作的近十年中，每每习惯性地将这篇文章拿出来读，一边阅读，一边感悟申请的真谛。神奇的是，这些年当中，我每次阅读都有新的领悟，随着我对留学申请更深一步的认识，随着我对申请文书审美的提升，我也能每次都从这篇小小的短文中读出招生官的心思：我们最想看到怎样的申请文书。

这是我所推荐的阅读参考资料的最后一份，也是我推荐申请人打印出来放在枕边不断阅读不断感悟的一份。

我将原文完整地放在下面，为本书画上一个圆满的句号。

Stanford Dean's Corner

Writing Effective Essays

Regardless of the outcome of the admission process, I believe strongly that you will benefit from the opportunity for structured reflection that the business school application provides. I hope that you will approach the application process as a way to learn about yourself—that's the goal—with the byproduct being the application that you submit to us.

Rarely during our lives are we asked to think deeply about what is most important to us. Stanford professor Bill Damon's book, The Moral Advantage: How to Succeed in Business by Doing the Right Thing, contained the following passages that might help you maintain the larger context as you delve into the essay writing process.

"We are not always aware of the forces that ultimately move us.

While focusing on the "how" questions—how to survive, how to get ahead, how to make a name for ourselves—often we forget the "why" questions that are more essential for finding and staying on the best course: Why pursue this objective? Why behave in this manner? Why aspire to this kind of life? Why become this type of person?

These "why" questions help us realize our highest aspirations and our truest interests. To answer these questions well, we must decide what matters most to us, what we will be able to contribute to in our careers, what are the right (as opposed to the wrong) ways of behaving as we aim toward this end, and, ultimately, what kind of persons we want to become. Because everyone, everywhere, wants to live an admirable life, a life of consequence, the "why" questions cannot be ignored for long without great peril to one's personal stability and enduring success. It is like ignoring the rudder on a ship—no matter how much you look after all the boat's other moving parts, you may end up lost at sea."

Essay Philosophy

The Stanford MBA Program essays provide you an opportunity to reflect on your own "truest interests" and "highest aspirations."

While the letters of reference are stories about you told by others, these essays enable you to tell your own story, what matters most to you and why, as well as how you have decided you can best contribute to society.

Please think of the Stanford essays as conversations on paper—when we read files, we feel that we meet people, also known as our "flat friends"—and tell us your story in a natural, genuine way.

Our goal is to understand what motivates you and how you have become the person you are today. In addition, we're interested in what kind of person you need the Stanford MBA Program to help you become.

Reflective, insightful essays help us envision the individual behind all of the experiences and accomplishments that we read about elsewhere in your application.

The most important piece of advice on these essays is extremely simple: answer the questions—each component of each question.

An additional suggestion for writing essays is equally straightforward: think a lot before you write. We want a holistic view of you as a person: your values, passions, ideas, experiences, and aspirations.

Essay 1: What matters most to you, and why?

In the first essay, tell a story—and tell a story that only you can tell.

Tell this essay in a straightforward and sincere way. This probably sounds strange, since these are essays for business school, but we really don't expect to hear about your business experience in this essay (though, of course, you are free to write about whatever you would like).

Remember that we have your entire application—work history, letters of reference, short-answer responses, etc.—to learn what you have accomplished and the type of impact you have made. Your task in this first essay is to connect the people, situations, and events in your life with the values you adhere to and the choices you have made. This essay gives you a terrific opportunity to learn about yourself!

Many good essays describe the "what", but great essays move to the next order and describe how and why these "whats" have influenced your life. The most common mistake applicants make is spending too much time describing the "what" and not enough time describing how and why these guiding forces have shaped your behavior, attitudes, and objectives in your personal and professional lives. Please be assured that we do appreciate and reward thoughtful self-assessment and appropriate levels of self-disclosure.

Essay 2: What do you want to do-REALLY-and why Stanford?(450 words)

In the second essay, please note that there are two separate but related questions. Answer both! First, we ask you what you want to do-REALLY. Tell us what you aspire to do. You don't need to come up with a "safe" answer because you're worried that your true aim is not what we want to see. REALLY. What are your ideas for your best self after Stanford? What, and how, do you hope to contribute in your professional life after earning your MBA?

Tell us what, in your heart, you would like to achieve. What is the dream that brings meaning to your life? How do you plan to make an impact? We give you broad license to envision your future. Take advantage of it. You may, however, find it difficult to explain why you need an MBA to reach your aims if those aims are completely undefined. Be honest, with yourself and with us, in addressing those questions. You certainly do not need to make up a path, but a level of focused interests will enable you to make the most of the Stanford experience.

Second, we ask why Stanford. How will the MBA Program at Stanford help you turn your dreams into reality? The key here is that you should have objectives for your Stanford education. How do you plan to take advantage of the incredible opportunities at Stanford? How do you envision yourself contributing, growing, and learning here at the Graduate School of Business? And how will the Stanford experience help you become the person you described in the first part of Essay 2?

From both parts of Essay 2, we learn about your dreams, what has shaped them, and how Stanford can help you bring them into fruition.

Essay 3: Short Answers

Tell us about a time in the last three years when you…

A. Built or developed a team whose performance exceeded expectations.
B. Identified and pursued an opportunity to improve an organization.
C. Went beyond what was defined or established.

Unlike the two previous essays, in which you are asked to write about your life from a more holistic perspective, these questions ask you to reflect on a specific recent experience (within the last three years) that has made a difference to you and/or the people around you.

The best answers will transport us to that moment in time by painting a vivid picture not only of what you did, but also of how you did it. Include supporting details. What led to the situation? What did you say? How did they respond? What were you thinking at the time? What were you feeling at the time? Include details about what you thought and felt during that time and your perceptions about how others responded. From this response, we visualize you "in action."

Good People Can Give Bad Advice

Moving beyond the specific essay and short-answer questions, I'd like to address a couple of myths.

Myth #1: Tell the Committee on Admissions what makes you unique in your essays. This often leads applicants to believe that you need to have accomplishments or feats that are unusual or different from your peers (e.g., traveling to an exotic place or talking about a tragic situation in your life).

But how are you to know which of your experiences are unique when you know neither the backgrounds of the other applicants nor the topics they have chosen? What makes you unique is not that you have had these experiences, but rather how and why your perspective has changed or been reinforced as a result of those and other everyday experiences.

That is a story that only you can tell. If you concentrate your efforts on telling us who you are, differentiation will occur naturally; if your goal is to appear unique, you actually may achieve the opposite effect.

Truly, the most impressive essays that we read each year are those that do not begin with the goal of impressing us.

Myth #2: There is a widespread perception that if you don't have amazing essays, you won't be admitted even if you are a compelling applicant.

Please remember that no single element of your application is dispositive. And since we recognize that our application has limits, we constantly remind ourselves to focus on the applicant rather than the application.

This means that we will admit someone despite the application essays if we feel we've gotten a good sense of the person overall. Yes, the essays are important. But they are neither our only avenue of understanding you, nor are they disproportionately influential in the admission process.

Accounting Versus Marketing

Alumnus Leo Linbeck, MBA '94 told me something on an alumni panel in Houston a few years ago that I have since appropriated.

Leo said that, in management terms, the Stanford essays are not a marketing exercise but an accounting exercise.

This is not an undertaking in which you look at an audience/customer (i.e., the Committee on Admissions) and then write what you believe we want to hear. It is quite the opposite. This is a process in which you look inside yourself and try to express most clearly what is there. We are trying to get a good sense of your perspectives, your thoughts on management and leadership, and how Stanford can help you realize your goals.

As Professor Damon would say, we are helping you ensure that your rudder steers you to the right port.

Derrick Bolton, MBA 1998
Assistant Dean for MBA Admissions

updated 21 June 2012